1 MONTH OF
FREE
READING

at
www.ForgottenBooks.com

By purchasing this book you are eligible for one month membership to ForgottenBooks.com, giving you unlimited access to our entire collection of over 1,000,000 titles via our web site and mobile apps.

To claim your free month visit:

www.forgottenbooks.com/free916453

ISBN 978-0-265-96440-8
PIBN 10916453

HEATHER-BELLS

OR

POEMS AND SONGS

BY

WILLIAM ALLAN

AUTHOR OF "HAME-SPUN LILTS" &c. &c.

With trembling hands, these Caledonian flow'rs
I form into a bouquet, unarrayed;
If they some pleasure bring to weary hours,
My simple labours nobly are repaid.
So thus, again, my native Doric trills
I lay upon the fate-deciding shrine;
Through doubt's cold gloom, which oft my bosom fills,
Hope shoots a ray and bids me not repine.

GLASGOW
KERR & RICHARDSON, 89 QUEEN STREET
JOHN MENZIES & CO., EDINBURGH AND GLASGOW
1875

THESE

H.EATHER-BELLS

OR

POEMS AND SONGS

(THE HAPPY FLIGHTS OF FIRESIDE FANCIES)

ARE INSCRIBED TO

WILLIAM STOBART, Esq.

NORTON CONYERS, RIPON

IN GRATEFUL REMEMBRANCE

OF THE PAST

Twas when the "tide of my affairs" had turned
That Stobart launched my bark upon its flood ;
Yea, when Hope's beam by storms was rudely spurned
Sole Friend, sole Counsellor, he firmly stood
And bade me steer aright, and, as a star,
Led me unto success ! Now, calmly I
Can view with pleasure the grand field o' war,
And Fortune-trophies of my victory.
Oh, feeble words !—ye cannot, cannot give
Expression to the feelings in my heart,—
I know, I feel, 'tis vain for me to strive
To limn a man above all poet's art.

PREFACE.

N the dread campaigns of war it must be a soul-strengthening and invigorating relief to the young soldier, who has been marching dauntlessly on in the path of duty, to fling off his travel-stained accoutrements when the bugle sounds the " Halt!" and to seek rest in some sequestered spot, where the warbling of birds and wafted perfume of flowers make him forget his weary limbs, and mellow his reflections.

So it is with me. In the continuous and stern campaign of life I find a hallowed and sweetening solace, after each day's march is over, when I revel in my peaceful flower-garden—*i.e.*, by "my ain fireside, amang the bairns." Flinging aside the habiliments of business, and liberating my mind from the luring gyves of practical science, I am virtually lost in bliss; so great, indeed, is my joy and pleasure that I at times (for the delectation of my *bairnie flowers*) give expression, while under their exhilarating and benign influence, to hamely screeds o' verse. Hence this volume, which I have called " Heather-Bells." Should it be received with the same favour that has been accorded to my former volumes—" Rough Castings" and " Hame-spun Lilts "—all I can say is, that I shall have been nobly encouraged in my Song-efforts, and will have no reason to complain of the public appreciation of my Doric strains.

WILLIAM ALLAN.

SUNDERLAND, *July*, 1875.

CONTENTS.

POEMS.

SONGS.

POEMS

HEATHER-BELLS.

---·••·---

BARJON, THE POET.

THE nicht was wild, an' winnocks rattled,
    For fierce the tempest loodly battled;
Adown the lum the eerie whoom,
O' win' lang-drawn wad painfu' boom,
Re-echoin' thro' ilka chaumer,
Wi' hollow-soundin' waesome clamor;
The hail-draps doon the lum-tap holes,
Cam' flistin' owre the lowin' coals,
Like pearlin's o' contrition fause
Atour a heart's sin-blackened wa's;

BARJON, THE POET.

Owrehead the quiv'rin' sclates were tirled,
Till roadways doon they bouncin' birled;
The friction o' the murky cloods,
Betrayed Dame Nature's frownin' moods,
As she, wi' thrawness, wad dispose
O' them, in tempest piled-up floes,
Berg'd mountain cloods o' yawnin' gloom,
That seemed for Earth a gapin' tomb,
Syne wi' caprice she'd rive them 'sunder,
An' lowsened win's roared through like thunder,
Reverberatin' lood and lang
A solo to her anger's twang.
'Twas sic a nicht, the human creatur'
Sunk sma' afore the wrath o' Natur',
As shook the hoose wi' ilka clap,
Frae foun'-stane up to ridge-tile tap,
Portentous sic convulsin' omen,
That greater shocks were maybe comin'.
That nicht, snug by the fire I pondered,
An' fancy kittled, oddways wandered—

The peek o' gas seemed burnin' blue,

The furniture loomed large to view,

The wa'-hung pictures seemed projected,

Till motion in them I detected,

Their een, erst cauld, moved vaguely, wild,

Their bloodless lips, slow tremilt, smiled;

A mousie's nibblin' 'neath the floor,

Rung like a burglar at the door;

A Jenny martyr'd at the gas,

Whished like a diamond cuttin' glass;

The ben clock's tick the silence broke,

As gin some hameless spirit spoke—

I listen'd, as I cow'rin' sat,

To its monotonous pit-pat.

Wi' heid weel happit in my hands

I tried to spin, wi' fag-end strands,

A rhyme that flutter'd on, half-made,

But feint a twist my scaup display'd;

I tried to croon a rantin' tune,

But, as a ventriloquial soun',

BARJON, THE POET.

My voice to mockery relaps'd,
Sae efforts musical collaps'd;
My cuttie was gey aften filled,
An' high-strung nerves were gently still'd;
But haughty Fancy, owre despotic,
Defied the cavendish narcotic,
Heedless o' pipe-made wreathy swirls,
Sailin' in geometric curls:
She, wi' electrical gradations,
Produced, at will, queer cerebrations—
Prophetic fantasies, tight-spun,
O' comin' dool, or furious fun.
Oh! hoo I wished to hear a rap
Come to the door, an' forrit stap
Some freen'ly chiel, whase love o' crack
Scorned ilka storm, hooe'er sae black.
My solid solitude, doon-bearin',
Set tortur'd thochtdom maist a-swearin',
That, ere I should thus tamely sink,
I'd conquer a', an' tak' to drink!

Come, Drink! Scotch whisky, or French brandy,

At aince obliterators handy

O' a' the stalkin' phantom byke

That on imagination pike,

Or march in shadowy array

'Neath Horror's banner dank an' gray;

Thou art, I vow, the sole potential,

To gar thocht ricochet tangential,

Awa amang the downy cloods

O' man's saft sel'-complacent moods;

Awa, then, principles teetotal!

Come! come, thou soul-uplifting bottle,

Thy ebon ootline's pawkie pride

Shines as the dark eyes of a bride,

Which fan the lover's ardent fire

Until blin'-drunk wi' wild desire;

I'll sip thee in my loneliness,

I'll love thee, but not to excess,

I'll woo thee, as a lover blate,

Until thy charms lurk in my pate,

Then I, to guard against mishap,

Will—Hush! the door; it is a rap!

Doon gaed the bottle a' untastit,

On fancied sweets, my lips unfeastit,

This satisfaction noo I felt—

My breath nae tale o' tipplin' tell't,

It wadna do gin neebors kent,

That I to siclike weakness bent:

Me! wha am in the kirk an elder,

To tak' an ain-house, left-han' melder:

Me! wha has been roosed-frae a poopit,

To skunk, unsocial-drinkin' stoopit:

Me! wha maks morals aye his boastin',

Indulged in sleekit ae-glaiss toastin':

Me! wha Desire hauds in his loof,

'Gainst fause-face drinkin' wasna proof.

As puddin' to the lowse-gab taste,

Quick risin' 'neath the door-brew'd yeast,

The faut had been a gossip's story,

Gin I'd been caught in siccan glory:

A hauf-toom bottle by my side,
Oblique in vision, tongue untied,
Seein' twa peeks whar ane was burnin';
Humility o' Sunday spurnin';
Vowin' a'thing o' earth's a sham,
Wi' naething true, unless the dram;
Singin' a sang withoot a cause,
Syne sputt'rin' oot my ain applause;
My little honour a' undoin',
Its heirloom beauty blin'ly strewin';
My former freen's, wi' looks askance,
Stabbin' auld freen'ships wi' ilk glance,
An' wi' disgust fu' distant spurnin'
Their aince-they-kent, to ruin turnin';
My manhood's armour pierced an' rent,
My sword o' life for ever bent,
My soul's strong rudder cut adrift,
An' to destruction rushin' swift,
Bearin' the shackles o' a slave,
Doon to an unwept drunkard's grave;

My sangs the stigma ne'er wad move,

Hooe'er the public them might love,

Wha'd pity gie, but Truth's pale blink

Wad show their verdict: "Deid wi' Drink !"

Doon gaed the curse.   Sae, then, Temptation,

Aff to a mair congenial station,

An' seemed to whisper as it flew—

"Allan, I'll ne'er lay siege to you;

I've thocht ye aften in my grip,

But Sel'-control ga'e me the slip!"

God bless'd that rap an' former vows,

Their glorious han'-grip didna lowse,

My resolutions thus unbroken

Were to resolve its gowden token.

Then, as I rose, Guid Sense began

To awn me as a better man.

I roosed that rap, sae aff I gaed

To see wha had the visit made.

Aff gaed the chain, the sneck flew back—

There stood a being, hazy, black,

Dark as a clood's deep shadow-gloom

Creepin' athwart nicht's murky womb,

Wha, wi' a voice extremely sweet,

Said, " Pardon me; I'm cauld an' weet;

Sorry am I to gi'e ye bother;

But ken ye I'm a rhymin' brother,

An' sae, on strength o' nat'ral kin,

To ca' on ye I've thocht nae sin;

For poets, gin they're true to natur',

Ha'e sympathy for ilka creatur'.

I'm cauld an' weet ! I'm weak an' puir !

An' my auld frame will no endure

The warl's cauld charity much langer,

Which waur is than the nicht's wild anger.

My biggin' noo is maist untheekit;

I feel—I ken—I'll sune be streekit,

Forebodin's come, an' gar me dree,

A happier-awa I'll be.

Crave I your hospitality,

'Twill strengthen the vitality

Which, as an ember wee, unsicker,

Has noo a sma' lease o' its flicker."

" Hoots! haud your tongue!—Come in, my man;

I'se gi'e ye comfort, gin I can.

A bitter nicht, an unhoused poet,

Wi' toom-pouch strength to battle thro' it,

Should open Pity's floodgates wide

To dash the foul reproach aside.

By Jove! your twang betrays the Scot—

Come in! lat tempests gang to pot!"

In stapt the shade-hue, drookit figure,

(My sang! than me he stood far bigger),

I shut the door wi' flurried bang,

An' motioned him to come alang

Whaur shone the gas, whaur burned the fire,

Whaur sweet Content was Comfort's sire;

Then, actin' the inquisitor,

I scanned my poet visitor.

Sae, noo, lest haply I my portrait spoil,

.   I'll do him justice in anither style.

MY VISITOR.

I said that he was lang. Weel, he was queer
   In looks an' garb, which baffled Fashion's boast:
A lang, wire-drawn, sax feet three inches clear,
   As lean an' parallel as a lamp-post—
   A veritable, life-boun', stalkin' ghost!—
Exhibitin' to me the notion quite,
That were he finer, he'd been lost to sight.

Wedge-like an' keen his features thin projected
   Wi' hunger's slope unto his ridge-like nose,
Whose form the hollow cheeks wi' scorn rejected,
   Till in its lonely prominence it rose
   An axe-like adjunct, Roman, grandiose,
Castin' a shadow owre ae half his face
It stood an emblem o' majestic grace.

As twa dark pools deep in some dell repose,
   Ripplin' for ever in eternal shade,

So were his far-sunk een, o'erarched wi' brows,
  Whase ruggedness a hirsute fringe displayed,
  That maist obscured the licht o' soul which played
In lambent flashes 'neath the flossy shroud,
Like sun-rays strugglin' thro' a thunder-cloud.

His lips, sweet-curved, seemed cauld, unlovin', thin,
  Save when he spoke, or o'er them passed a smile,
Movin' wi' grace o' pathos, that could win
  A heart which naething else wad reconcile.
  'Twas genuine, his silent, silvern wile,
The index o' the honest, mirror trait,
Which fause-at-heart can never lang display.

A low-crooned, black felt hat, wi' shadin' brim,
  Was on his heid, an' boun' his silv'ry hair,
Dark'ning a countenance already dim
  Wi' some deep ranklin' sorrow or heart care.
  It seemed a dark corona o' despair
Cappin' the hame o' thocht, whase formin' train
O' keen-edged spears produced the look o' pain.

His hair o' honour owre his 'shouthers fell,
    A snaw-tapt mountain in a moonlicht nicht;
His patriarchal beard, in keepin' well,
    Lay on his bosom in ae mass o' licht,
    A mine o' glintin' silver to the sicht;
Atour the haill were sundry rain-blob beads
Sparklin' like diamonds strung on silver threads.

Dark were his een, an' hat, yet darker still
    Tho' shiney wi' the wat, the coat he wore,
Square-tailed, and o' a longitude until
    The dreepin' tails reposed upon the floor,
    A soakit theek that ill preserves the poor,
For frae the door, an' in, to whaur he stood,
The wat'ry trail ahint him spoke alood.

Sel'-introduced thus stood my poet freen,
    Robed wi' the aspect o' a hoary age,
Which brocht the reverential feelin' keen,
    That I, for aince, beheld a real sage,

Whase lofty soul had borne Want's direst rage,
An' 'neath his countrymen's neglect an' wrong
Had solace found by soarin' into Song.

Quo I, " Hech me! tak aff thae claes!
You're dozened well frae tap to taes.
'Come on, Macduff!' come up the stair!
O' my odd duds ye'se get a share;
Gie nae excuses, you're maist deid—
Claes first, then meat, are what ye need.
Come, follow me! I'se mak ye richt,
An' droon your sorrows for this nicht.
Hae, there's a sark o' guid Scots flannen,
An' there's its theek in Dundee linen;
Here's breeks o' Galashiels-made tweed,
Rough, furzy, lang-wear stuff indeed;
Here's worstit stockin's, hame-owre, guid,
The kin' that gies steam to the bluid;
Losh! here's a coat, an' 'neath't a vest,
Dry happin' o' the common best,

Tho' short in length, they're fu' o' girth,

An' warmth maun be their beauty's worth.

Aff wi' thae claes! wheesht! no ae word,

You're 'neath my roof, whaur I am lord,

An' hospitality is weak

Gin comfort disna draw its steek,

'Tis just a hollow-soundin' name,

Whan feelin's dinna feel at hame.

Aff wi' thae duds! an' shak na langer,

For I'm awa to clead your hunger;

The ootside cauld, wi' inside toom,

Brings owre the heart a coffined gloom

An' dread desire, at aince to dee,

Than live, an' death's cauld cuddlins pree.

I'm aff! noo mak yersel' at hame.

Aff wi' thae duds! thae rags o' shame.

Whane'er you're dune, come doon the stair,

For tea an' toast I'se sune prepare."

The tea things sune the table graced,

The kettle crooned wi' birlin' haste,

The auld broon tea-pat gat its measure,

O' the revivin' leafy treasure;

The bread was cut in slices dainty,

Syne brooned an' soaked wi' butter plenty,

An' on a plate afore the fire

Was placed to keep its worth entire;

The kettle boiled wi' loup-lid clatter,

The tea-pat gat the maskin' water,

Syne hidden 'neath a cosie charm,

It sune distilled the juices warm.

O Tea! thou freen to men an' wives,

Thy extract aye a solace gives,

Thou cheer'st the hearts o' auld an' young,

Thou calm'st the nerves whan tichtly strung,

Thou art the auld maid's only freen,

That maks her blessed state serene,

An' love-sick maidens in the gee,

Drap comfort's tears whan over thee,

Thou art the secret-slippin' handle

O' afternoon tea-party scandal,

To rich an' puir thou art, O Leaf,

O' luxuries th' acknowledged chief,

A' lo'e thee for thy kindly merits,

Thou rob'st na sense like raw-grain spirits,

Yet by a twistit etiquette,

Fouk will afore a stranger set

A dram, as gin that was their measure

O' glad-to-see-you, sit-doon pleasure ;

But 'tis a farce, a fashion's sham,

Nae freenliness is in a dram,

Gin courtesy is honest, free,

Awa wi' drams! set doon the tea!

There comes my freen adoon the stair.

Is a' thing richt? na! set his chair,

On wi' some coals upon the fire,

To baffle weel the tempest's ire,

Losh, hoo it booms, the curtains draw

Close, to keep oot ilk screwy blaw.

" Come in! come ben! the tempest's roarin'

Will sune dwam into fitfu' snorin',

B

'Tis gran' to hear its rage increase,—
The hotter war, the sooner peace.
Sit doon, this nicht maun shortly see
The won'erfu' effects o' tea."
Afore the fire he took his station,
An evidence o' transformation;
The roomy coat was unco short,
Mair o' the schule-boy jacket sort,
The sleeves aroun' his lang, lean arms,
Graceless cam doon wi' half-way charms,
An' left a fouth o' sarky whiteness
Reposin' in its linen lightness,
The tails, short-hung wi' wafflin' slack,
Nae farer cam' than's sma'-o'-back;
His breeks still shorter seemed to view,
Or else his legs were owre far thro',
'Twas inches sax (I marked it weel),
Doon frae their ends unto his heel,
Hooe'er, his stockin's warmin' strength,
Balanced his breckleg want o' length;

The tap-band scarcely met the vest,

Which lowse-like hung as short's the rest,

Atween the twa a girdle white

Seemed wrapped aroun' his sma' waist tight,

'Twas sark again!   The linen sark!

Protestin' 'gainst this bad-fit wark,

The claes atour a frame sae scraggy,

Could hing nae way but lowse an' baggy,—

What matter? tho' his theek was jimpit,

Comfort and warmth were naeways scrimpit,

For owre his chafts sae hollow, thin,

The glow o' bluid spread 'neath the skin,

Quick-drivin' a' the channels thro',

Dispellin' poortith's sallow hue;

An' gien the glint o' ee which tells,

The heart beats time to pleasure's swells.

Adoon we sat, and sune began

To fortify the inner man.

His first cup scarcely disappeared,

Ere I reca'd I hadna spiered

The stranger's name, an' 'tis vexation
To enter into conversation
Wi' ane whase name is a' unkent,
An' strangeness maks a saft cement
That binds the tongue, that chills ilk word,
That maks a meetin' maist absurd.
Come! introduction's honest key;
Come! honour's name-gien guarantee,
Oor confidences will be tame
Unless I ken this poet's name.
I gazed awee upon his pow,
An' on his wide expandin' brow,
An' on his hair sae lang, sae white,
A focus o' ethereal light,
Reflecting ilka gas-gien ray,
Until a halo seemed to play
Aroun' his heid in quivering streams,
A garland o' licht's reflex beams.
Deep adoration filled my een,
As, gazin' on this hoary scene,

I felt the reverential awe,
I felt some pow'r magnetic draw
Me closer to him; but to break
The spell I deemed it best to speak.
Quo I, "I trust baith in an' oot
Ye feel, without a blink o' doot,
Anither man, an' that your heart,
New pulses liftin', doth impart.
Anither cup? Na! Hoots, a hauf!
The tea-pat's strongest last rins aff.
Aweel, I fouk am loth to press,
Whan they in truth a wish express.
We'se by the fire, sae cosy, warm,
An' crack defiance to the storm.
Man! hoo it pelts; sit closer yet,
It's bite ye can defy, forget.
Blaw on, ye surly, smokin' drifts;
Drive on, ye dark clouds owre the lifts!
Reign rampant in your cheerless skies,
We owre your rage will soarin' rise.

Sae, freen, just mak yersel' at hame;

But first an' foremost, What's your name?"

Wi' this he startit, an' a shade

O' melancholy sweetness played

Atour his face, as he ae foot

Upon the fender gently put.

He rubbed his broo, syne stroked his beard,

An' looked like some auld bard inspired,

Throwin' aside some pent-up gloom

The wild heroic to assume,

Then solemnly his words did come,

Like rain-draps fallin' on a drum,—

"My name! Ah, yes, I this forgot,

But, as ye dree, I am a Scot.

You're kind to me, an' kindness can

Dispel all doubts 'tween man an' man.

I am a rhymer, so just listen"

(Wi' this his ee-fires 'gan to glisten).

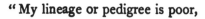

"My lineage or pedigree is poor,

My ancestry were common, nay obscure,

A gran'-sire thought recoils with bounding rush,

And gives my bloodless cheeks a conscious blush.

That they possessors were of but a name

Unknown to riches, more unknown to fame.

And tho' no ancient blood is in my veins,

And tho' I'm kin to none with broad domains,

I know that I possess the common lot

Of living here, and being soon forgot.

Not all my flights poetic shall ensure

That e'en my name will for a year endure,

Tho' I have written and have freely giv'n

All of the rays bestowed on me by Heav'n.

A thankless country, singing oft my lays,

Has giv'n me but a modicum of praise,

Which serves me ill when bowed 'neath weight of want,

And of life's simple comforts mighty scant.

Words! words! are but a substitute most poor

When poverty is chiselled o'er the door.

Poor poet! blind to all low-worldliness,

Seeking in Nature's garden happiness,
Culling from off their tender heavenly stems
The flow'rs of song, those little priceless gems
Which form a posie of harmonious hues,
That lasting fragrance ever should diffuse.
Poor poet! all unselfish, ever slighted,
Thou art of all men truly ill requited.
But what is lineage? titles? what, indeed?
The glowworms of the hour by which men read
The higher lessons of pride's lowest phase,
Till with contempt they on the nameless gaze,
And plume themselves that they were born not so,
Unnamed, untitled, poor, and vilely low.
And what is wealth? the lever of mankind,—
Go, give a clodhopper or hedger hind
Possessions vast, and certes you will see
The lofty airs, the haughty looks that be
Commensurate with what his purse contains,
So well akin to poverty of brains.
Beneath th' inflation of his riches' charms,

The once unknown has now a coat of arms;
No more he knows the soil on which he trod,
He stands a fool, yet deems himself a God.
O riches! Virtue's robber! Sense beguiler,
How oft hast thou to man been but his spoiler!
Applause from such I ne'er could understand,
And charity from such is but a brand.
Barjon am I! Barjon of common earth,
Raged on a furious storm when I had birth,
Thunders roared wildly, lightning's darting freaks,
With maddened joy, careered in paly streaks
Athwart the lab'ring firmament, whose pain
Rent the dark clouds, which groaned a hoarse refrain
In one long bursting wail of agony,
Till Nature shook to hear the symphony.
Trees bowed their heads with fear-contracted leaves,
The flimsy slates rolled o'er the trembling eaves,
The lofty smoke-ducts fell upon the street,
The imprisoned soot leapt from its dark retreat;
Strange voices seemed to whisper in the air,

Now laughing low, now screeching in despair;
Strange beings seemed to glide amid the gloom,
And thro' the window peered into the room,
With faces close-pressed to the rattling panes,
Glaringly flat, and shaking spirit chains;
Planets grew dark, save one lone adverse star
Twinkling with glee from out its cloudy car;
Creation groaned, and dread salutings hurled
As I lay on the threshold of this world.

My boyish heart, with Nature's song instilled,
Beat rapt'rously, for it was truly filled
With storm-strung epics, wild and tempest-starred,
Sung by the blast voice of the thunder's bard.
I heard in shrieking, eddying winds the notes
Of mountain music poured from Titan throats,
Now ringing loud in peals of laughter, then
Fading to melancholy's sorrow ken,
Now daring all in tones of anger high,
Battling for empire in a startled sky,

Till o'er a reeling world its darkened wrath,

Bore Ruin in its devastating path.

I heard in streams song-spirits whisp'ring sweet,

Soft as the patter of an infant's feet,

Nature's hushed music purling lullabies,

Meet for a soul borne on to Paradise.

I've heard them, too, wild dashing o'er their course,

Sing torrent requiems in voices hoarse,

Maddened to know their once so lovely forms,

Were torn and ravished by fierce mountain storms.

Nature I love! to me 'tis music all,

I'm proud to bear her chains that still me thrall

With unchanged tone, tho' years have o'er me rolled,

Her herald trumpetings my soul enfold,

And find an echo from my trembling tongue

In rolling strains of glorious bursts of song,

Which as an off'ring at my country's shrine

I long have laid.   I deem them hers, not mine;

But to dispel the thoughts that rise from wrong

My inward fires must pour this simple song."

SONG.

THE POET'S WISH.

"I have no friends to mourn for me, or sorrow's tear
  bestow,
  I have no wealth to leave behind when from this earth
    I go;
  Still I've a heart that glories in its love o' native hame,
  An' years hae only served to fan the soul-upliftin' flame.
  I've sang o' a' its silv'ry streams, its torrents, an' its
    dales,
  Its forest-covered mountains lone, its stretchin' haughs,
    an' vales;
  So gin my voice o' sang is worth a pauper's simple meed,
  I only ask that I may rest beside the rollin' Tweed.

"My sangs may cheer my countrymen whatever their
    degree,
  Some hearts may feel the kindred fire wi' frenzy-rollin' ee,

An' some may drap a tear for ane whase a' unselfisb aim

Was aye to croon the sangs that mak a happy Scottish
hame;

An' some perchance may breathe a wish that could I
live again,

They kindnesses wad heap on me, to wipe awa the stain,

Upon an ingrate lan' wha ne'er to sons o' sang gae heed.

But a' owre late, I'll soundly sleep beside the rollin'
Tweed.

"Sae wearily I wander north to whaur I had my birth,

I'll surely live until I tread again my native earth,

Then willin'ly I'll yield mysel' unto the conqu'ror's claim,

Fu' happy that my latest breath was in my Scottish hame.

I ask not for a monument to mark my humble bed,

I seek alone the charity that's due unto the dead;

Lay me in some secluded dell, whaur wild flow'rs wavin'
cleed

The mound o'er which for ever roll the dirges of the
Tweed."

Wi' this he ceased, an' thro' my bosom shot

A pang o' sorrow's anger for his lot.

Sae, as he seemed to be amaist doon-borne,

An' wi' poetic passions fiercely torn,

I thocht it best to drive his feelin's back

By sailin' on the gently hum'rous tack.

Quo I, "Hets Man, ye lat the sma's o' life

Occasion ye far mair than ord'nar strife.

I think the poet-soul should rise above

The neebor fouk wi' which he's doomed to move,

An' wi' an ee o' pity for their state,

Show that his genius is maist truly great.

What matter tho' you're puir? ye need but little,

An' riches seldom poet-pouches kittle.

The king o' poets, blin' stravaigin' Homer,

Wi' hat in han' was just a beggar roamer;

Sae lat me tell you, that ye maunna think

Fouk care a doit for oceans o' sang ink.

It wadna do gin fouk a poet feastit,

His energies an' beauties wad be wastit,

Wi' bouts o' freenship till he grew sae dizzy,

That future ootcomes wad be drumlie, hazy,

Syne former freens wad lauch, as he wad splutter,

An' shun him like a deid dog in a gutter.

Na! na! Barjon, ne'er heed your poortith's cup;

Sing on, ye'll never want a bite or sup.

Man! poets werena made to simply starve,

An' gin they like they'll get what life will serve.

Look on the warl' withoot a morbid ee,

What is the pictur' that ye maun but see?

Frae highest doon to lowest in the lan',

A' roun' Progression's standard nobly stan',

Fechtin' the fecht o' life, an' toilin' hard

To keep a reekin' lum, their chief regard,

Flingin' a' unco trammels to a side,

That unencumbered they may march wi' pride.

An' wha could bear a poet on his back,

Syne do his duty 'neath his ain knapsack?

Sae, a' the poets in the busy thrang

Should spur their comrades wi' the cheerie sang,

An' coward hearts an' droopin' souls beguile
Wi' hinny words to sweeten daily toil,
Like war's wild music on the battle plain,
Nervin' the dauntless on to charge again!
An' vict'ry tear from out the deadly strife—
Sae should a bard's lays be to fecht o' life.
Fouk's hearts like change, and fouk like to be pleased,
For payment tho'! they canna thole bein' teased.
Gie owre your railin', man! there's aye a livin'
For poets an' the fouk wha do the strivin'.
O mental weakness 'tis the poet's mark
To place owre great a value on his wark.
What tho' a patriot in a dungeon lies?
Comfort can in his troubled bosom rise,
Whan he a lilt o' pathos for his fate
Sings sweetly 'mid the gloom o' prison state.
'Tis joy to hear his notes thro' winnock bars,
Mellifluously float on freedom's cars,
Tellin' in accents clear, tho' prisoned he,
His soul unfettered bounds in liberty.

Sae the puir lav'rock caged, nae mair to roam,

Views the blue boundless, aince his happy home,

An' thro' the maze o' wires wi' tearfu' eyes,

Pours liquid notes o' woe to blushin' skies.

Wi' heid inclined, an' heart that flutt'rin' beats,

He's proud to hear their echoes in the streets,

Solaced to know, tho' not on soarin' wing,

He in his narrow den can freely sing.

Be happy, Barjon! quat your lang-faced clavers.

An' sing nae mair sic bury-me-here havers.

A chiel like you, wha hails frae yont the Tweed,

Should for auld Scotland's sake bear high the heid,

An' show that ye are worthy o' the name,

In which, wi' sang, ye seem to honour claim.

I maun speak freely, for your views are low,

An' prurient fancies justice ne'er bestow.

I am an engineer! sae, like my trade,

I blow poetic steam into your head,

That ye may in the future cock your crest,

Bauld in your independence, humbly.blest.

C

I trust what I hae said will roose your heart,
An' thochts an' visions new in ye impart."

I thocht he wad hae been offendit,
As soon's I had this lectur' endit;
But, na, he smiled, an' said, " Weel, weel,
You've filled me wi' new-fangled zeal.
What ye hae said shall be my rule,
For I hae been a fool! a fool!
Wi' darkened specs on human natur',
I fancied fauts in ilka cratur',
Nae virtues in them seemed to dwell,
The least I fear's been in mysel'.
What could I wi' sic views expect,
But scorn, an' gang-by, cauld neglect.
Thae thochts hae gnawed me nicht an' day,
An' dyed my black locks siller gray,
An' made me lean, an' toom-purse puir,
An' poisoned life beyond a cure.
Wae's me! I'm wauknin' frae a dream,

Truth owre my soul steals like a beam
O licht, that shows, wi' chidin' rays,
I've been a blin' fool a' my days."
Wi' this he up frae oot his chair,
An' flung his fingers thro' his hair,
That in his fury seemed to lowe,
As sparks o' thocht their ducts passed thro'.
Then roofward suddenly he gazed,
An' high his richt han' spreadin' raised,
Like some auld patriarch invokin'
Relief frae Sawtan's slavish yokin'.
His fit gae ae thump on the floor,
An' quiverin' a', this aith he swore :—

" By a' the days I yet may live,
  By a' that poetry can give,
  Frae this 'oor forth, I noo declare
  I'll grumble at my lot nae mair.
  Come sangs or sonnets! poems, odes!
  To happiness ye'll be my goads.

An' frae the tip o' my auld pen
Comfort o' heart shall drap.   Amen."

I, captivated wi' his vow,
Was glad to see him settled now.
I saw that I for aince had made
A guid impression in a head.
His sittin' doon again did tell
That he was noo mair like himsel',
(Or rather mair like what he should be,
Nae better than a mortal could be).
'Twas guid to rin his venom aff,
For, fegs! it changed his vera laugh.
His former smilin's were reflective,
But noo they were o' kin' infective.
Awee he pondered owre the fire,
Syne wi' the laugh o' oot-spent ire,
Quo he, "An' you're an engineer,
O' a' professions pioneer,
'Tis Science' henchman (gray-haired carle)

For iron rules, an' maks the warl'.

Noo thro' my calmed-doon scaup (thocht's mystic
chaumer)

Floats on a lilt anent the michty hammer."

SONG.

THE WEE HAN' HAMMER.

" Sermons in stanes ! Books in brooks !" Histories in
Hammers.

" It isna o' seasons, or love, or the lasses,
    Or coronet baubles, I'm noo gaun to sing,
'Tis o' a wee conqu'ror, whase power surpasses
    The edicts an' orders o' ony earth king.
Whan Eden was leased to auld Adam nae langer,
    This primal wee thing made his grief-troubles melt;
Its shank-grip, an' sweat, drave awa a' the hunger
    That sin-bringin' Eve an' her weans ever felt.

I sing o' the hammér, the little han' hammer,

   The sceptre an' wealth o' a' ceeveleezed lan's;

O! sweet is the soun' o' its cheerie swung clamour,

   Whan gripp't wi' the pith o' the breidwinnin' han's.

" Whan Noah, his floatin' menagerie buildin',

   Saw. ilka nail driven, he louped wi' delicht,

To see a' the timmer sae passively yieldin'

   Afore the licht touch o' its clink-soundin' micht.

The peeramids auncient still sing a dreich story,

   While cities in ruins a' echo the same,—

An un-Homeréd epic for stane-dressin' glory,

   Wee copper han' hammers the burden can claim.

     Lat's sing o' the hammer, the little han' ham-

     mer, &c.

" The sodgers o' Rome bore the gree owre their neebors,

   Triumphant they focht their renown to maintain;

Oblivious are a' noo their sword-bearin' labours,

   While warks o' their hammers still gran'ly remain.

A' nations hae sunk wha to sodgerin' trustit,
    For baignets an' swords are o' weakness the mark;
Whan hammers are silent, an' growin' a' rustit,
    Their lastin' pow'r fades, an' their glory grows dark.
      Sae, sing o' the hammer, the little han' hammer, &c.

" Lat Britons aye pray that their island may ever
    Gie oot the soul-soun' that reverberates far,
The emblem o' strength that will fade frae them never,
    An' bring greater vict'ries than ony in war.
Supremely a' tempests o' nations she'll weather,
    Her hoary age riveted on to auld Time;
Thus twinned, whan she gangs, fegs! they'll dee baith
    thegither,
    An' hammers their dirge will harmoniously chime.
      Then sing o' the hammers, the little han' hammers,
        Sole sceptre an' strength o' oor sea-girdit isle;
      O! sweet is the soun' o' their cheerie-swung
        clamours,
        'Tis music that lichtens the breidwinner's toil."

"Weel dune, Barjon! that is a sang inspirin',

Charged fu' o' truth, encased wi' bands o' iron.

Man! that's a lilt that kittles up my bluid,

Trade-neebor-like, it rings to me as guid,

An' sen's a grip-feel owre my horny fingers,

Until a hammer shank maist in them lingers.

That's better far than ony soor-dook clatter

Aboot your banes bein' laid by Tweed's clear
 water.

It is a sang! an' fegs I awn that ye

Hae been born wi' sang's mellow glamourie.

Weel dune, Barjon! you've boun' our freenly
 ties,

You've spun a thread to stan' a' critic dyes;

What say ye, man! hae ye been a' your days

A public weaver o' poetic lays?

Hae ye nae trade? or hae ye lived aff ink?

Gin sae, ye hae been puirly paid I think.

What toon can claim ye? hae ye e'er felt love?

Or are ye just a stoic nocht can move?

I canna haud frae speirin' mony questions,

You've touched the nerve that maks lood-thocht
    suggestions,

I'm doonricht glad ye cam the nicht to visit,

Tell me, Barjon, the reason? say, what was it?"

He stroked his beard, an' rubbed his broo,

An' pondered owre the fire anew,

Contemplatin' the wafflin' reek

Gaun circlin' roun' the ingle cheek;

Wi' ae han' clasped within the ither,

In some new thocht-producin' swither,

He sat, an' syne ae han' ootspread

He raised, an' pillowed in't his head,

Syne placed the elbuck on his knee,

Then slowly turned his een on me—

    Twa een brimfu' o' licht an' blaze,

(Like twa black diamonds' meteor rays,

Thrown frae a siller-mountit bed,

That backward flings the beams as shed),

Their piercin's gae heart mesmerism,

An' drew me like a sinapism,

But as they danced in mirthfu' mood,

I pleased was whan he laughed alood,

His lang beard waggin' to each motion,

Glintit like moonlicht on the ocean:

"Ay! Allan, man! you've struck a chord,

That sharpens thocht's relentless sword;

Noo, as I think, my past appears

A serried line o' misspent years.

Misspent, forsooth! I blushin' tell,

I've thocht owre muckle o' mysel';

To me ye hae been unco kind,

An' sae I trust ye a' my mind—

Unfettered kindness an' advice

Should aye dispel mind artifice.

Whaur was I born? 'twas in a village

Famed mair for weavin' than for tillage,

Hard by the Tweed snug nestlin' lies

My hame o' early memories.

Methinks I see the lovely spots,

The lang ae street o' whitewashed cots,

Wi' dull-broon theek a' mossgrown o'er,

An' hinnysickle at ilk door,

Or hidin' maist the winnocks sma'

Wi' blossom-curtains perfumed a';

While frae ilka ane the shuttle's soun',

Rose owre the busy weaver's croon,

That wi' the dawn o' mornin's licht

Unbroken rung till fa' o' nicht;

While rosy bairns, a' happit snod,

Ran wild an' barefit on the road,

Or sailed wee boats in gutter pools,

Or played wi' paintit marble bools,

Or wi' yarn thrums, gat on the sly,

Wad fragile draigons lofty fly;

Or wi' a bent preen an' a worm

Wad tempt the troutlet's quiv'rin' form;

Or wi' prood skill an' hooks like flies,

Wad gar the aulder dwellers rise;

Or rambled 'mang the woods an' dells,

Gath'rin' blaeberries on the fells;

Or hurried to the wee cot schule,

Aneath auld Eppie Tamson's rule,

Learnin' wi' help o' leath'ren tawse,

O' mither tongue the primal laws,

Gainin' oor knowledge o' the warl

Aff maps nae bigger than a farl,

Devourin' Eppie's explanations

O' kings an' queens an' heathen nations,

O' rivers bigger than the Tweed,

O' hills that cloods aye hid their heid,

O' oceans that bore ships wi' sails,

An' were the hame o' troots ca'd whales,

Sae big o' mouth ('twas Eppie's tale)

Ane swallowed Jonah, leevin', haill.

Puir Eppie did her best to teach

Things that were hardly in her reach;

For a', wi' help o' tawse an' pen,

Some thank her noo for a' they ken.

Thae were the days o' infant ploys,

Without ae care, an' fu' o' joys,

The vernal days o' live's short spring,

Leavin' remembrances which bring

The fervent wish, th' unhallowed strain,

To live oor young days o'er again.

Could we but bear their innocence

Alang wi' growth o' warldly sense,

Nor fortune's smiles, nor fame's renown,

Wad rob us of oor beauty's crown.

Whan flung awa are youth's pure joys,

We grow in age, fu' o' alloys.

An' at oor village end there stood

The kirk, in sombre, kirklike mood,

Wi' short, squat spire, that lang had borne

A weathercock that wadna turn,

Wi' Gothic winnocks, narrow, peaked,

Like slits thro' which licht strugglin' leaked.

Frae ilka corner cam' a spoot,

Fashioned like some uncanny brute,

Or demon fleeing frae the place

Whaur aye was preached the word o' grace.

Its buttressed wa's o' hoary stone

Were a' wi' ivy overgrown,

That seemed its mournin' claes for those

Wha soundly slept their last repose

Within its shade, for mony mounds

Arose atour its hallowed grounds,

An' mony tombstanes owre its sod,

Stood sentries roun' this house o' God,

Where aft as laddies we wad trace

The names belangin' to oor race,

A' heedless o' the thocht o' death,

Or o' the freens that lay beneath.

Whan nichts were lang, an' dark, an' drear,

We daurna pass the houff for fear;

Oor young imaginations saw

Ghosts stalkin' in a glintin' raw

Aroun' the kirk, an' aft we heard

Shrieks that oor hearts wi' terror stirred,

An' in the rage o' fancy's swell
We'd hear them tirl the spire-hung bell,
Until its ghaist-struck notes, defined,
Boomed, 'mid the moanin's o' the wind—
A mournfu', hair-erectin' sound,
That seemed a voice frae oot its ground.
Ah me, auld kirk! I bless thy shade,
At aince a pleasure mixed wi' dread. .
Aneath thy roof on Sabbath days
Arose the glorious hymns o' praise.
'Twas gran' to see the weavers then,
Snod-dressed, and sober, thinking men,
Relieved frae treadle-toilin' pains,
A' kirkways boun' wi' wives an' weans.
Trooped on the auld fouk, gray, sedate,
Settin' example's chiefest weight;
An' maidens fair in rural beauty,
Looked prood to do their Sabbath duty.
Untarnished wi' geegaws o' claes,
Or fashion's odious, trashy blaze,

They shone queens o' simplicity,

Wi' hearts free frae duplicity,

Bearin' religion's impress guid,

That stan's the gem o' womanhood,

An' maks them happy a' their lives,

Yea, constitutes them real wives.

Lads tae, wha toiled at farms a' week,

The holy road did doucely seek.

At hame that day it was their pride

To show they gloried in their Guide;

An' mithers smiled, an' fathers aft

Cuist looks o' prood affection saft

On sons wha held the kirkgaun aim

To be a duty, not a shame.

Not a' their lang-oor weekly toil

O' ploughin' up the rugged soil

Could damp the hearts o' chiels wha thocht

That Sunday's sweets true pleasure brocht,

Which amply paid for a' their sweat,

An' in them did anew create

Anither weekly ardour store,

To mak' them stan' the warrior,

An' bauldly toil, that they might share

Their earnin's wi' their parent pair.

An' some o' them gey pawkie, slee,

On some bit lassie had an ee,

Which only on this day could feast

Upon the maiden o' their taste,

Whase blushin' cheek an' sidlin' sklent

Were unco sure encouragement;

'Twas honest love, an' ne'er could draw

Their hearts frae Sabbath-love awa'.

The simple nod, the plain " gude-day,"

Is aft the index o' love's play,

Within a bosom, blate, afraid,

To breathe its hopes unto the maid;

While she, unconscious o' its feelin',

Indifference is aye revealin',

Which serves but to secure the dart

Within the hope-filled, ardent heart.

D

Thus to the village kirk they gaed,
Pleasure on ilka face portrayed,
Wi' weel-thumbed Bibles 'neath their arms,
An' luminous wi' Sabbath charms,
Ilk fit maist steppin' weel in time
To the auld bell's slow, solemn chime,
That rung thro' a' the peacefu' vale
A summons frae some heav'nly pale.
But noo, to brak the threed o' my life-story,
I'll homage gie unto the auld bell's glory."

SONG.

THE AULD KIRK BELL.

The auld kirk bell tolls slowly on,
    An' far its herald notes o' love
Are whispering in a hallowed tone,
    Some message frae the lan' above.

The cottar in the distant vale
    Hears the sweet echo and obeys,
The lonely shepherd on the dale
    Listens, an' kneelin', humbly prays.

" The auld kirk bell, sae slowly rung,
    Seems but a sad mysterious voice
O' pity frae a spirit tongue,
    That bids the humblest heart rejoice.
O ! mony hear the joyfu' sound,
    And, hearin', lichtly tak' the road,
Owre heaths an' meadows, see ! they bound,
    To rest aneath the roof o' God.

" Yea, nature hushed, wi' silent grace,
    In ev'ry crevice joy reveals,
As glides atour her awe-wrapt face,
    The rollin' wave o' mellow peals.
The auld kirk bell still slowly tolls,
    Tho' ithers hear the wonted sound

That aft has cheered the hope-lit souls
   O' them wha sleep aneath the ground."

Whan he had dune, he up the poker took,
An' wi' a dark annihilatin' look,
He grasped it firmly by the ball-made end,
As if to mak his blow mair sure descend
Upon my scaup; then, raisin' it up higher,
He,—calmly stooped an' stirred the lazy fire,
Until its lurid glow o' stretchin' flame
Dartit wi' glee far up its lumward hame.
Quo' I, "Barjon! man, ye possess the skill
O' makin' sangs or lyrics come at will,
That sic is nat'ral to ye, I believe;
For o'd you're gleg at rinnin' aff a scrieve,
An' tho' ye noo are cuddlin' wi' the hoary,
Wi' youthfu' spunk ye tell your simple story.
Ye've paintit weel the spot whaur ye had birth
But what's the name it bears upon the earth?"
"Hush! hush!" quo he, "The ancient saw ye ken—

Ae question answered ere ye speir again.—

My thochts get drumlie, scattered, an' confused,

Whan question-thorns are uncoly diffused.

My natal spot! Ah, yes! that was my theme,

Fringin' my mem'ry like a softened dream.

I spoke about the kirk, the lowly cots,

The Tweed, an' early recollection's spots.

O classic ground! O home o' Scottish song!

Time will thy beauties ever on prolong,

So long as gentle streams thro' downy vales

Sing sweetly to the breezes o' the dales;

So long as forests to the fitfu' gales

Moan like an enchained demon's startling wails;

So long as mists upon thy mountains roll,

Thou wilt entrance an' mould the poet's soul!

Loved land of mine, I dimly noo recall

The ootlines which in youth did me enthrall.

I see the Trimont peaks still grandly rise,

Projected boldly 'gainst blue cloudless skies,

Castin' their tremblin' wing-like shadows owre

Stream, forest, vale, wee cot, an' lonely tow'r,

In softened loveliness o' beauty's frown,

That but enamours more whan gently thrown.

Far to the south, o'er hills, an' heaths, an' woods,

Tow'rin' an' bold, the Cheviots court the cloods,

In rounded peaks or undulatin' swells,

A heath'ry barrier o' moorland fells,

Whose flow'ry armour shines in ev'ry hue

O' sunset's crimson blush or dawnin's blue,

Or glist'rin' sheen o' moonlicht's silv'ry beams,

Which tint each peak or crest wi' snaky streams

O' witchin' hues, until frae west to east

Upon lang waves o' licht the eye can feast.

On to the north the vision then secures

The broon, bald risings o' the Lammermuirs,

That wi' a dark, empurpled heath'ry vest,

In lonely beauty are for ever drest,

An' sparsely studded wi' oasis farms—

Wee specks o' hope 'mid desolation's charms.

Nought breaks the solitude unless the wheep

O' startled muirhen, or the wild peesweep,

Or whan the breeze, low, sweepin' o'er the heath,

Pours out a pity's wail wi' mournfu' breath,

That minglin' wi' ilk birdie's weepin'-song,

Ascends to Heav'n an' tells the tale o' Wrong. *

Westward, eastward, the eye wi' joy can glance

On Nature's panoramic-spread expanse

O' infant streams, that swirlin' doon the dales

Ecstatic meet, an' music fill the vales

Wi' everlastin' melodies, which fan

The fire o' song within the breast o' man;

Or silent forests thro' whose shady leaves

A single sun-ray scarce a pathway cleaves,

To tint the crystal drops o' virgin dew,

That on th' untrodden blade wi' coldest hue

Reposin' hang (like gems bereft o' licht)

Charmless an' dead unto the wand'rer's sicht.

Yet, 'mid their shades I oft in youth did roam,

* Totally uncultivated; could be easily improved, were it not for the
genteel desire for bird-murder, called Sport.

An' felt the sweets o' solitude become

Enchantin' to my soul, for some low voice

Spake as I trod, an' bade my heart rejoice.

These were the scenes from which I early drew

The inspiration that within me grew,

Until I longed to paint in accents meet

Each glowin' prospect o' a hame sae sweet.

O ! all was Poetry.   I felt its powers

Reignin' in hills, in streams, in vales, yea flowers !

The hauntin' voice within me ne'er did vary,

I knew, I felt, I bore the song-winged fairy."

SONG.

THE SONG-WINGED FAIRY.

" I've a bonnie loupin' fairy,

    That flutters owre ilk lea,

Aye keekin' into ilka flow'r,

    Or lauchin' unco slee.

It nestles on the daisy wee,
   An' faulds its glintin' wings,
Syne owre the snawy leaflet tips,
   A shade o' blushin' flings.

"It cróodles in the buttercups
   O' sun-enamoured hue,
An' sips frae oot their gowden skeps
   The blobs o' tremblin' dew.
It hovers owre the tender rose,
   An' like a lammie's sigh,
Upon its bosie saftly lichts,
   An' cosily doth lie.

"Within the bashfu' foxglove aft,
   It finds a bieldy place,
An' there it shogs wi' ilka breeze,
   Wi' smilin' love-lit face.
The hinnysuckle's depth o' sweets
   Invites it aye to pree,

An' whispers in my fairy's ear,

   'Mair welcome than the bee.'

"Upon the blue-bell, bits o' heav'n,

   It lays its curly pow,

An' aften fa's fu' soun' asleep,

   Wi' angel rockin's low.

The faemy hawthorn blossom maks

   A pillow for its head,

For innocence an' purity

   In baith are aye portrayed.

"Whan earth is clad in mournin' claes,

   The gentle snawdraps give,

Amid the cauldrife dreariness,

   A glow that gars it live.

An' when the cow'rin' primrose peeps

   Fu' timid owre the scene,

My little fairy loups an' sings

   A welcome to its freen.

"The hues o' love that Nature limns
  On ilka leaf an' flow'r,
Afford the hinny o' delicht,
  The a' upliftin' pow'r,
That gars it bound wi' ecstasy,
  Till frae an ardent tongue,
My little fairy's soul is seen
  In ilka burst o' song."

I marked his face wi' pleasure maist did glisten,
Whan I in silence to his tale did listen,
Mair unrestrained his manner seemed to be,
Gin I wi' questions didna mak owre free.
Had I disturbed his rinnin' line o' thocht
Wi' ae bit kink, frae admiration brocht,
Athwart his broo a clood wad seem to lour,
An' frae their caves his een wad speakin' glow'r.
Chary was I to gie him ony pain,
I saw that he was best whan left alane;
Sae, as he spun his sang-winged fairy theme,

His bonnie face was lit wi' some braw dream,

That cuist a lovely halo, whase saft fa'

Bewitched me quite an' made me love him a'.

As o'er the noonday sun slow sail dark clouds,

Casting on earth their broad'nin' shadow shrouds,

Sae o'er his face a shade o' deep'nin' gloom

Creept on, an' withered a' its beauty's bloom,

Until a gross antithesis reposed

To whaur the licht o' cálm sae saft reposed,

Mair in a face encircled wi' Time's snows,

The death o' beauty caulder doth repose

In sorrow's pallor, o'er which ling'rin' dart

Grief gleams frae eyes that mirror but the heart.

Rubbin' his broo, he dwam-like closed his een,

Pond'rin' nae doot upon some early scene;

Moved tremulous an' slow his bloodless lips,

The bodin' monitor o' some eclipse

O' thocht, for nervous twitchin's seemed to flit

Owre him, until I thocht him in a fit.

The dark attack, sae sudden, sharp, an' strong,

Wore gently aff, and fand he then his tongue.

Still sittin' statuesque, wi' ae lang sigh,

He sung o' early love this rhapsody:

" Blow on, O blasts! fly on thy outspread wings,

Wrap round the world thy tempest thunderings!

Ye lightnings dance to heaven's weird music shrieks,

Let your bright feet illume the mountain peaks!

Ye oceans tremble, hiss, and madly lash

The sullen rocks on which ye vainly dash!

Ye torrents roll in floods of mountain's tears,

And sweep the vales in uncontrolled careers!

Ye hoary-headed forest kings in woe,

Moan for the conqu'ror lays your offspring low!

Blow on, ye blasts of victory! not all

Your might most terrible can lift the pall

Which bound my heart when love's first dawning ray

Was stol'n by death, to usher in no day

Unto my soul, that, 'reft of hope's first spark,

Has lived in night eternal, strangely dark.

How oft, O Tweed, have we in early days,

Wandered as one among thy flow'ry braes?

Basking in hope, and painting future bliss,

A world of joy, a home of happiness;

Thy song comingling with our love-rapt strain,

That from some bow'r secluded rose amain;

Thy spirit, witnessing our plighted troth,

Smiled on the scene and blest the lovers both.

But where art thou, Mirella? where art thou?

I'm here! yet unfulfilled has been our vow.

Mirella! O Mirella, coldly laid,

The flow'rs we loved sweet blossom o'er thy bed,

And I have lived to bear the pain of love,

While thou'rt at peace in some calm land above.

I see thee still! thou child of grace, in whom

Angelic virtues dwelt that did illume

My life with light, and whose sweet words did roll

As if a seraph whispered to my soul.

Sylph-like thy form, thy hair of golden hue,

Thy eyes a heaven, so calmly, deeply blue,

Seemed pillowed on two starry gems of light,

Pensively pure and wonderfully bright;

Thy lips, now cold, oft, oft to me have giv'n

A gentle foretaste of the sweets of heav'n.

Airy thy movements, gliding o'er the lawn,

As the first beam of sunlight from the dawn

Steals with a hallowed influence and power,

Startling to homage every wak'ning flower.

Mirella! oh, thou wert immaculate!

Too good to love, too pure for earthly state,

I see thee still! thou haunting loveliness.

Methinks thy hand gives still the gentle press,

Or thro' these locks that once to thee gave pride,

Thy fingers with love's touch still softly glide,

As when upon thy bosom I did lie,

Lost in the halo of thy purity.

See! see! she nearer comes, Mirella! sweet!

Thou soul of joy! and is it thus we meet?

Ah! what a look of melancholy grace,

Or sorrow's darkness, dims thy bonnie face.

Not on me thus! unfix that cold, wan gaze,

No smile around thy stony features plays.

Come to my arms, Mirella!　Come once more,

I'll happy be"—

　　　　　　Wi' this, he on the floor

Fell wi' a thud, an' barely missed the fender,

But swift assistance I to him did render.

This was indeed an unexpeckit pliskie,

Sae in a jiffy oot I brocht the whisky,

Filled up a glass, an' wi' a giant tug,

Back-straight laid him upon the saft hearth-rug.

Pale, frigid, motionless, he grimly lay,

As stiff's a weet sark on a frosty day.

His een were fixt, his teeth were firmly set,

Sae wi' a knife (the first thing I could get)

I doon upon my knees, an' prised them open,

Until the whisky in I could be droppin.—

Drap! drap! thou soul o' maut, gang doon! gang doon!

Undo the shackles o' puir Barjon's swoon.

Doon! doon his throat, doon to his vera heart,

Gang thou an' grip the life ere it depart,

Aince mair the mechanism o' the bluid
Set thou agaun, an' fegs I'll ca' thee guid.
Doon! doon, thou liquid pow'r, an' I'll reverse
The feelin' that provoked my former curse.
Weel dune! he gargles, sighs, an' losh! his een
Cast aff their vacant, filmy, glassy screen.
Up gangs his breist like some auld smiddie bellows,
Syne doon it soughin' fa's, another follows,
Which tells me his machine, withoot a doot,
In mainspring gear is no run fairly oot.
Slow thro' his frame flee tim'rous pulses warm,
Till frichtened wi' the chasin' essence charm,
They nimbly loup wi' ilka nat'ral breath,
An' whisky snaps Barjon frae grasp o' death!—
As soon's I saw the heart-swarf was defeated,
Wi' couthie lift I gat him aince mair seated.
I stroked his ravelled locks frae aff his broo—
'Twas cauld an' studded wi' a starry dew.
I felt a shiver shootin' thro' his frame—
'Twas flittit life's doonsittin' in its hame.

E

To hansel its backcomin' to his body,
I quickly brewed him a wee drap o' toddy,
To tichten up ilk nerve's sair slackened peg,
An' gar thochts rin unscouthered wi' their fleg.

Drank he the glass to my persuasive tones,
An' certes! through his maist unmarrowed bones
The message o' relief was borne amain,
Palpably renderin' him a man again.

Thou whisky toddy! chief o' ilka brewin',
At aince a blessin' an' a cursed ruin,
Thou art to them wha use thy pow'r aricht
A mellow lever o' upliftin' micht!

Thou canst restore, wi' thy creative unction,
Vitality in life's maist sluggish function.
Pale cheeks are thawed ere thou hast weel begun
To own thyself the influencin' sun;
The slumb'rin' brains awake, an' rousin' know,
That torpid laziness they maunna show.
Into each crevice o' the scaup thy rays
Squirm wi' delicht, an' set thocht-neuks ablaze;

Syne flashin' owre the sproutin' hobby themes,

Thou mak'st them blossom in untrammelled dreams.

I own that 'neath thy moral-bridled wile

Thou'lt gar death cow'r ahint his open stile,

Wi' fiery ee o' baffled rage, to watch

Puir lichtsome mortals that he canna catch.

Here sat Barjon, replete wi' life an' sense,

O' thy *real* guid a livin' evidence!

At seein' him noo amaist aince mair restored,

I saftly sidled in a kindly word.

Quo I, " Hoo are ye noo? Hoo d'ye feel?

In ilka way I trust your geylies weel."

Quo he, " I'm weel, I think! hear! see! an' speak,

But, ah! I'm ill when thought's strange visions
    break

The sympathy that binds the heart and head,

And lays me pow'rless, yea, and seeming dead.

Strange! aye 'tis strange, that thought's extremest
    tension

Should give a shadowing of life's suspension.

'Tis oft with me, whene'er I think of her,

To bear the pangs I fain would yet defer;

But come it will, with her on latest breath,

The dread finale, to gaze on her in death."

Quo I, " Hoots, hoots, to talk this way is folly;

Poets should rise abune a' melancholy.

It's no an evidence o' genius whan

The fiat dread transforms to gloom the man.

Na, na; it should be yours to glory in

The gran' exchange to bliss frae warldly sin

O' her ye loved, whase love, on ye bestowed,

Should be the lamp to licht ye to her God,

In a' the radiant hope o' silent pray'r

That you can happy be, gin but you share

Eternity's repose, unruffled, sweet,

Wi' her for wham ye live again to meet.

Ye loved her?   Yes, what was your lovin' part?

Lay it in ocht controlled by human heart?

Was there not something, speakin', far above

The merely human in your war o' love?

Did you not feel your human range owre sma'
To grasp the feelin' or contain it a'?
Not in your bosom could your love find room,
Nor in your heart or heid could sweetly bloom,
They but puir mortal mediums, and as glass
Reflect the myriad images that pass
Forth frae, an' owre, some a' encirclin' heav'n,
Which to each being is in beauty giv'n
To be the hame o' love, where nurtured all
It grows untinged wi' the material.
An' think ye then this heaven o' soul can die?
Or fade into a gross obscurity?
Or that thought-forms to which it aince gae birth
Shall sink for ever 'neath a mass o' earth?
Perish the thocht! Time canna heaven consume,
An' death but frees the soul it can't entomb,
Which, liberated, bounds to native skies,
Bearin' its earthly tale to Paradise;
Or stained perchance wi' deeds o' flesh-dune sin,
Awaits Christ's cleansin' ere it glides within.

But she was pure, an' sae it is for you

To live that your Unseen may warsle through.

She will be there, to meet you at the gate,

Whan heavens o' endless love will you await.

Just think on that! a meetin' thus sae gran'

Should mak ye happy, an' a' grief withstan'.

Why then to life should ye bear ony rancour?

Whan there ye hae its glorious sheet anchor.

Live on! Live as a man! Dispel your gloom,

An' as for death!—Ye needna fash your thoom.

We a' are base-born bairns o' baser earth,

But death! O joy! is but oor better birth."

Quo he, " 'Tis strange that five decades o' grief

Should in ae oor obtain frae you relief.

Your words o' comfort act a besom's pairt,

An' sweep oot sorrow frae a wrinkled heart,

That through lang years has been sae sadly fated,

That former beauties are obliterated.

But noo, this moment maks my future clear,

An' joy o' hope shall in me aye appear.

Nae mair shall thocht's tempestuous ocean claim

A vicious vict'ry o'er my strengthened frame;

For I upon her mem'ry noo can dwell,

Defyin', scornin', ilka risin' swell.

I'm noo at rest! an' feel I've left me still

The murm'rin' tinklin's o' the inward rill,

That ringin' clearer efter sic a mist

Maun homage gie unto this comfort blest."

SONG.

TRUE COMFORT.

" Whan words o' comfort soothe the mind,

    By grief's wild torrents riv'n,

   They come, the balm o' peace refined,

    Frae stores o' kindly Heaven.

His ee o' pity marks the heart

    By sorrow crushed an' torn,

On angel-wings love's message-dart
   Is to the mourner borne.

" For He 'wha tempers weel the wind
   Unto the clippit lamb,'
Dispenses freely to mankind
   The only healin' balm,
That gars' a' sorrow, pain, or death,
   Flee frae the hearts o' those
Wha on His name wi' humble breath
   O' prayer seek repose.

" If, then, on earth my soul can find
   Immunity frae pain,
An' pree the joys that are designed
   To vanquish sorrow's gain,
Hoo much mair shall my joy increase
   When I afar shall mount,
To revel in eternal peace,
   An' drink frae oot its fount?

" Then be my hope wi' doubt unmixed,

Let darkness fly away,   .

Then be my ee for ever fixed

On some bright dawnin' day,

When I shall yet wi' a' I love,

In heav'n-wed unity,

Sing joyously in realms above

Sangs o' Eternity."

I was gey glad to note his fa'

Had driven noo his gloom awa,

An' that wi' mind weel-balanced a'

He sang o' future bliss.

The pathos o' his look was noo

Mair deeply touchin' an' sae true,

That frae his een calm gleams cam' through

O' heart-peace happiness,

That couldna in its freshness brook

The sickly hue or leaden look,

An' sae frae cheeks an' broo it took

Despair's cauld ghastliness.

Calm as a sunrise tippit clood,

Whan on a still lake-mirror viewed,

His features lay wi' licht imbued

  Frae some thocht-dawnin' sun;

Or as atour a bairnie's face,

Whan wauk'nin' in a dreamlan' grace,

We angel dream-tints lang can trace

  In smiles an' looks ilk one.

I own I felt a wee thing prood

To think that I had done him good,

An' tore to shreds his mental shroud,

  For evermair undone.

He sat weel back into his chair,

An', gently hummin', stroked his hair.

Sae for a hauf an oor or mair

  The feent a cheep he spak.

The win' without still howled an' screamed,

The gas an' fire still brichtly gleamed,

The *Genius o' Silence* seemed

The hoose his ain to mak.

Swift then a thocht flew through my head,

That as nicht's crackin' time fast sped,

I'd need to get Barjon to bed,

    Sae thus the stillness brak.

" Ha! ha! Barjon, noo, noo, I see,

The man asserts his dignity,

An' that your innate independence

Can glorious be whan backed wi' true sense.

Fegs, but yon little comfort ditty

At aince is pleasin' as 'tis pretty,

An' comin' frae heart absolution,

Needs nae keen critic-graith ablution,

It dings me hoo ye can them kirn,

They come like silk thread aff a pirn.

O' ony livin' in the warl',

Ye are the ane should wear the laurel.

The bonny leaves wad glint I trow

In contrast radiance on your brow,

A colour's meetin' rarely seen—

Braw silv'ry locks encrooned wi' green.

'Twad set ye weel, ye are sae tall,

An' fouk wad—— Wheesht! It's strikin' twal!

The day dies wi' a lang-rung ca',

Struck frae oor auld wag-at-the-wa'.

Sae we maun end oor stories for ae nicht,

An' seek in sleep the croon o' a' delicht.

But bide awee till I gang up the stair,

An' see o' happin' that ye hae a share;

The nicht is cauld, the sky's as black as slaes,

An' single lyin' needs the thickest claes.

By that sair token, I forgot to say

That ye maun bide wi' us anither day,

For Jean, my couthie Jean, an' bairnies twa

Come hame the morn, they've been a week awa

Amang their freens, an' pleased she wadna be

Gin poet Barjon's face she didna see.

She likes a sang; she'll cheer your heart amain

Wi' smiles an' glints frae een as black's your ain.

On a' I've said she will impart her seal,

Which leaves an imprint that ye lang will feel.

Losh! ye maun bide; 'twad be a doonricht shame

No to behold my joy an' licht o' hame,

Sae promise noo." Quo he, " Weel, for your sake

I'se bide anither day, gin but to make

An oor or twa o' pleasure to your wife,

Tellin' the lave o' my sma' tale o' life."

Quo I, " That's richt; ye'll find her a' I say,

An' ne'er will ye regret the comin' day."

I up the stair, an' sune for him I made,

A cosie nest wi' blanket comfort spread,

Rest-temptin', warm, sae coaxingly invitin',

That e'en a king on sic could sleep delight in,

Oblivious to his cares an' party strife,

To rise betimes, refreshed, renewed in life.

The odds an' ends were placed, an' a' thing richt

For Barjon's weelfare on this unco nicht.

I doon again, an' bore his weet black suit

Afore the fire, to tak their dampness oot.

He, risin' up, smiled, and was pleased to see
I thocht on his respectability;
For my shift-duds, scarce fittin' him by hauf,
Were sure, come morn, to gar Jean roar and laugh.
Quo I, "Noo then, Barjon! this way to bed."
"You're kind! you're kind! but bide a wee," he said;
"Afore we gang some lowse thochts I reca'
Anent our freen the auld wag-at-the-wa'."

SONG.

THE WAG-AT-THE-WA'.

―――

"Awa to my memory's first dawnin' days
    I gang, and the visions o' childhood appear;
Ae hallowed impression years canna erase
    Stan's out, for my soul seems its echoes to hear.

It hung in a corner wi' solemn-like grace,
    Its braiss chains an' wechts, O we thocht unco braw,
An' won'erfu' wisdom was stamped on the face
    O' our auld-farrant, douce-lookin' wag-at-the-wa'.
        Click—cluck; click—cluck, ever unwearied it
           gaed,
           An' rung out the hours wi' a freenly-like chime;
        Click—cluck; click—cluck, ever the soun' that
           it made,
    Which seems to me noo as the sad draps o' time.

" Aft, aft, whan we grat or wi' pain were distrest,
    My mither wad haud us up, tirlin' its chains;
A peace-makin' virtue its waggin' possest,
    That dried a' our tears, an' removed our bit pains.
It was the first book to our sma' thinkin' pow'rs,
    An' aft on our creepies we'd sit in a raw,
A' eagerly tryin' to read aff the hours,
    Upon the pale face o' our wag-at-the-wa.
        Click—cluck; click—cluck, &c.

" To twa couthie hearts o' their weanies' first breath,

    The joy-bringin' moments it cheerily tell't,

But aften, alas! it has pointit to death,

    An' eerily swung as his presence it felt.

It stood the recorder o' sorrows an' joys,

    Sae seared on my heart is its monitor ca';

An' aft in life's fechtin' I hear a .sma' voice

    Reca'in' the past,—'tis oor wag-at-the-wa'.

        Click—cluck; click—cluck, ever it seems still

           to be,

          An' sadly I hear aye its freenly-like chime;

        Click—cluck; click—cluck, ever 'tis whisp'rin'

           to me,

          Our slow wearin oot, 'neath the sad draps o'

           time."

Quo I, " I kenna what to say to that bit strain,

Sang angels or sang deevils fill your brain

Wi' shouts o' revelry, that but forsooth

Find ready vent frae oot your willin' mouth.

Man, but its gran'! I wish that Jean were here
To see the Scotch sae flowingly career; •
'Twad roose her to the pitch o' tauntin' fyke,
That I, her man, could never do the like.
Weel, weel, ye do my senses maist beguile,
But, Bed's the word! to-morrow I maun toil."

Up, up the stair, into his room we gaed,
While silent gratitude his face portrayed.
Quo I, "Noo I'll awa, here soundly sleep,
An' may the poet's guardian angel keep
A' bogles, witches, nichtmare-terror dreams,
Frae aff the muses' milk until it creams,
That it o' richness may naeways be shorn,
An' that yoursel' may rise a better man the morn."
Quo he, "You're kind, you're kind! O may your roof
Be Virtue's home; may youngling hearts, vice-proof,
Grow round you, nourished on the sap designed,
To make the standard-bearers of mankind;
May Envy's hollow eye be shrunken, dark,

F

Dazzled to blindness with their honour's mark;

May Slander's murky tongue be ever dumb,

At Worth's reward, it cannot overcome;

May Wealth be theirs, and theirs but to increase

Their earthly joys and genuine heart peace;

May they the only rightful course defend,

And find in every man an honest friend.

You're kind, you're kind! and wishes ill requite,

The happy man to whom I say Good-night!"

END OF THE FIRST NIGHT.

BARJON, THE POET.

— ◆●◆ —

SECOND NIGHT.

MYSTERIOUS cloud! soft shading every sense!
Nocturnal emblem of our impotence!
Life's guardian engineer! whose watchful care
Refits the mechanism which we wear.
O Sleep! thou art of every blessing chief,
When wearied mortals find in thee relief.
Not o'er the swelling couch of reeking wealth
Dost thou extend thy sweet oblivious stealth
With greater mercy, than o'er those whose frames
The cold and stony lair of poortith claims!

Life's henchman true! 'tis well thy foster love
Is gold-alluring offerings above,
Else what a scene of maniac pains and cries
Would o'er this sphere terrestrial arise.
Wild denizens from dark abodes of want,
With mad-shot eyes, and features haggard, gaunt,
Denied the calms of thy forgetfulness,
Would change the earth into a wilderness,
And roam as devils o'er a hell of hells,
E'en startling heaven with their hideous yells.
Deft toilers' hands would lose their cunning then,
No more belonging to trade-earnest men,
Quiv'ring in every limb, of reason shorn,
They'd dread to meet, and curse the coming morn.
Heedless of bread for children or for wives,
They'd seek in death an end to sleepless lives.
E'en then, 'mid mankind's wreck, a pampered few
Would fain thy blessings buy, and fears subdue,
In terror hearing the wild shouts of others—
(Paupers in purse, the sleep-unbuying brothers)—

Ring in their half-dumbed ears, they with more cash

Would purchase torpor to escape the fash.

Palladium most glorious, 'tis not so!

On meaner mortals most thy favours flow;

They woo thee honestly! they court thy pow'rs

By early rising and day-toiling hours;

And though the couch half-covered is and hard,

Thou giv'st to them thy bounteous reward.

Ere from the east the day-hue spreading breaks,

And gilds th' expectant clouds with tinting streaks,

The sweat-doomed lab'rer or the artizan

Shakes off thy down, to rise the perfect man.

With steady pulse, clear head, and footstep light,

They to their fields again, and boldly fight

The contest stern—the daily round of strife,

Whose vict'ry grants their little needs of life;

And such are doubly sweet, yea, full of charms,

When thou receiv'st such warriors in thy arms.

Not so the pasty, weakling throng of fools

Who follow up Refined Society's (?) rules,

Making night's pivot be the hour round which

They dine, or dance, or sensually enrich

Their feeble constitutions with the seed

That grows unto the grave with hot-bed speed.

Behold them at the hour of dawn retire!

Pale, panting, nerveless, 'neath excitement's ire,

With eyelids from whose edge thy touch hath flown,

They seek their curtained couch of yielding down;

Fev'rish they lie, they toss their arms, they turn,

While laughing sunlight o'er them glides with scorn,

Mocking the miseries that they endure,

Rend'ring, O Sleep, thy pity insecure.

Still, to the half-dead wretches oft thou'lt give

A streak of thy sweet shade, that they may live

A fading life, whose passing imitation

Insults the grandest purpose of creation.

High rides the sun, yea westward is his fall,

Ere from their nests those bat-souled creatures crawl,

With red-rimmed languid eyes, with cheeks whose taint

Of healthful flush lies in the frowsy paint

Of yestereve, to be again renewed
With artful skill, until they seem imbued
With beauty, sparkling bright in vigour's tones.
So, 'neath the film they hide but health's dry bones,
And vainly seek for famished nature rest,
But finding none, they deem their orgies best;
Giddy with night-day revelries, they keep
Refined Society's rules, and pawn their sleep.
Give such their pleasure, but on me descend
Thy simple virtues, Sleep! man's potent friend!

Sleep's six-hour manacles were lowsed,
An' kennin' life again diffused
Its dawn o' truthful consciousness,
Uncloudit in its happiness.
The hour o' sev'n rung in my ear
Wi' warnin' notes awak'nin', clear,
An' frae my eyelids gently fell
The imprint o' sleep's kissin' spell,
Until my a' unsullied gaze

Beheld the cauld gray mornin' rays

Shoot thro' the room wi' cheerless licht,

As if they clung to fringe o' nicht.

Mem'ry awake, in vernal beauties,

Gae prominence to kitchen duties,

Tho' sparin' aft some passin' glints

Upon the former nicht's events,

That in a panoramic form

Cam' ane by ane wi' pleasin' charm,

An' that Barjon, my poet-guest,

Wad need his black suit ere he dressed,

An' that the fires required to be

Gat ready for the breakfast tea,

An' cappin' a', the foremost claim,

That Jean in twa oors wad be hame.

Wi' sic a deal o' wark at stake

It wadna do to lie awake.

The cauldrife mornin's look sae doure

Increased the cosy blanket pow'r

To lie anither wee hauf oor

Ere frae the bed I gat atour.

The dainty wish o' blanket trammels

I flung aside, gae twa-three waumles,

Sprang to the floor, syne sune was dressed,

An' fu' o' wark-encount'rin' zest.

Puir Barjon was fu' soun' asleep

For index snorin's lang an' deep

In healthfu' measured cadence rose,

Soundin' the notes o' mind repose.

Sleep on, Barjon! sleep on! be filled

Wi' sap o' song frae sleep distilled,

Sae whan this nicht comes I fu' fain

Will listen to thy reamin' strain.

Stealin' on tiptoe doon the stairs

I to the wark wi' auldwife airs;

Twa fires I put in flamin' fettle,

Hauf-filled I then the auld tea-kettle,

(Kettles hauf-filled are like some men,

Sune to the boil wi' tongue or pen,

But whan their ebullition's aff

Fouk gauge them by their nat'ral hauf),

Gat a' the room things man-ways tidy,

An' had the breakfast maistly ready,

Whan owrehead, losh! a soun' I heard,

An' kent that Barjon noo had stirred.

His black claes dry, frae aff the chairs

I took an' slippit up the stairs,

An', list'nin', heard him sure enough

Awake, an' troubled wi' a cough.

I doon again an' filled a cup

O' guid strong tea an' brocht it up,

Syne tirlin' gently at his door

I heard him loup upon the floor.

Quo I, " Its me! guid mornin'! dinna hurry,

Or put yoursel' in ony flurry.

I've brocht your black suit fairly dried,

An' something comfortin' beside."

Owre to the door he quickly cam.

Quo I, " Tak this, your mornin' dram;

'Tis only tea, but yet it may

That hollow-soundin' cough allay."

Quo he, " Guid mornin'; fegs you're kind,

My little troubles thus to mind."

Quo I, " Noo, hap yoursel' wi' care,

For winter shows his visage bare;

The mornin's dank and fu' o' rime,

An' gars that cough keep breathin' time.

O' comfort's duds ye maunna want,

Or be o' winter's armour scant.

Put on whate'er ye see about ye,

Or what ye deem best that will suit ye;

Lat warmth noo be the primal claim,

An', mind, just mak' yoursel' at hame.

Come doon the stair whane'er you're dune,

For breakfast will be ready sune."

Wi' this frae him my leave I took

An' sune began to act the cook.

As culinary engineer,

Plates, cups, an' saucers did appear

Upon the table, while the breid

Was toastit wi' an eident speed.

To set the stamack on its legs

I fried wi' care some ham an' eggs,

That ocht to please an epicure,

An' ony mornin' hunger cure.

The simple viands a' were placed,

An' daintily the table graced,

Tho' rough an' ready was the cook,

The settin' bore a lassie look,

That had my Jean then gazed upon it,

She'd vowed a woman's han' had done it.

There comes Barjon in nick o' time

To get sic guid things in their prime.

Quo I, " Come on, Barjon, I'm doonricht glad

To think a soun' sleep ye hae had.

Hoo are ye then? you're lookin' weel;

Your een the glints o' health reveal.

Sit doon! fa' to wi' a' your micht,

An' gie thae eatables a fricht;

In fiery youth or settled age

Jaw-waggin' is o' health the gauge."

Quo he, " I know not how it is, but this I own,

Oblivious sleep I ne'er for years have known

Until last night, when stretched upon your bed

I seemed to swoon in sleep and be as dead.

I scarce had lain me down when thro' my frame

A feeling of annihilation came,

Swift-sweeping, sudden, yet so calm withal,

As if were lowered some tenebrific pall

Upon the stage of Thought, whose actors then

Were borne away, perchance to come again

As willing tools unto the prompting pow'r

That forms the acts which fill their little hour.

In ev'ry limb 'twas truly death repose;

I lay as nothing, but as something rose,

And feel, indeed, e'en in this gloomy day,

As if the rust of time were rubbed away

From functions old.   To you I owe it quite,

And "——" Havers," quo I, " say hoo's your appetite?

Nae doot ye've sleepit weel an' unco calm;

But, come! lat's see you polish eggs an' ham.

Wire in to that! That's richt. Ye'll crown your sleep,

For stamack-theekin' gars ye comforts reap."

My interruption, lackin' due respect,

Produced on him a sullèn-like effect.

Tho' kindly meant, he gae me sic a glow'r—

Keen, searchin', fixed, fu' o' reprovin' pow'r—

That garred me wince aneath its silent stroke

Far mair than gin in anger he had spoke.

I sat confused. an' bore the blushin' pain

O' kennin' thochtlessness ne'er brocht me gain.

Hooe'er, the storm blew by, an' wi' a will

We baith o' breakfast took an honest fill.

I was delighted, but it pleased me maist

To mark his relish for the mornin' feast.

Quo I (my rash digression to amend),

" Anither cup, Barjon, my friend."

" Na, na," quo he, and gently smiled,

" My appetite is weel beguiled.

   See! toom plates tell the tale, I wot,

That justice they have fairly got."

"Aweel," quo I, and risin' up,

" I'll need to mask for Jean a cup.

Just sit ye doon an' mak ye free

Wi' ony books in there ye see.

On books I ne'er hae been expensive,

Sae my collection's no extensive.

It matters na altho' they're few,

Ye may find some wee passage new.

Sit by the fire, an' dinna weary,

I maun attend to my bit dearie.

Nearer and nearer came a rattling sound

Of rushing wheels along the stony ground,

Which expectation's frenzy in me stirred,

And lashed my heart with joys a week deferred.

Her time was up, and to the lobby door

I rushed, and thro' the heavy smoke-like hoar

A cab appeared, which bore within a freight—

My only riches, yea my life's delight.

The rug-wrapt muffled driver in command
Reined up his steaming steed with steady hand
Abreast the door, then nimbly from his seat
He leapt to do the flunkey duty meet.
With smilings bland, he with a courteous air
His precious cargo passed into my care.
O joy! 'twas them, and with my pleasure blind,
I to the cabman felt exceeding kind,
As he thro' rein-hand cold, his breath did blow,
Which act excites the sympathetic flow,
And brings the extra trifle from the purse,
Which proves to him a potent warming source.
(Poor Cabby! but thy lot is truly hard,
Thou of all toilers well deserv'st reward;
A willing servant in all weathers thou,
And mean is he whose heart would not allow
The soothing little more, which makes thee smile,
And gives the hopes which charm thy arduous toil.
Thy hat thou touchest, and thou seem'st to bear
A humble look before some big-purse fare;

Whose stinginess contemptible, wealth-born,

But grants thee nett, and sundry looks of scorn.

Insulted independence brings with stealth

Thy muttered curse on worth whose gauge is wealth).

They were at home, and soon myself I found

The willing centre of a kissing round.

Wat on one knee, wee Teenie on the other,

With joy-tear kisses almost did me smother,

Their strangest stories and their newest toys

They told or showed me with a boisterous noise.

Loud glee-shouts rung from bairns, but from the wife

Came smiles that gave an impetus to life.

The tea was set, which deftly made them right,

And quelled the tongues so loosed with home-delight.

Then, whispering to Jean, I told the tale

Of Barjon's visit, and how he so frail

Came to our door, with shiv'ring sinking form,

Unfit to bear, unless in death, the storm.

I told her of his melancholy story,

His love-inspiring looks, his visage hoary,

G

His riven hopes, his songs, his poverty,

His utter wreck beneath adversity.

I told her too my opening heart could not

Resist its sympathy for such a Scot;

And to undo want's grasp, which bound him tight,

I 'neath our roof-tree sheltered him last night.

E'en now he snug within the parlour sat,

Saved, hale an' joyous; but with this Jean grat.

Her tearful eyes she raised, and, sobbing, said,

" Will! Will! I'm glad you've kindliness displayed.

Mind, ye must introduce me ere ye go,

And I on him attention will bestow

Until night comes, when round the fire together

I'll grant you leave to run your longest tether."

Into the parlour then I gaed,

Jean followed, an' I smilin' said,

" Barjon !—my Jean! at last she's come,

The hoose again is aince mair home."

Jean gae a tim'rous kind o' stare,

As up he rose frae oot his chair,
Tow'rin' aboon us a' sae gran'.
He shook her warmly by the han',
Lookin' parentally upon her,
While she, wi' gaze akin to wunner,
Beheld the man, an' thocht wi' fear
She stood in presence o' a seer;
Atour his features faintly played,
(I thocht an admiration's shade).
Quo he, wi' voice low-soundin', sweet,
"I'm truly glad your wife to meet.
Had I this pleasure been denied,
Our friendship might have been untied."
Jean, couthieways, said, "She was glad
That she the pleasure likewise had
O' meetin' him, an' trustit he
Wad feel at hame, an' happy be."
"Noo, then," quo I, "I maun awa',
An' lea' ye to your ainsels twa;
I'm late to time this happy mornin',

An' engine-buildin' tholes nae scornin'.

Fly on day-oors wi' speedy flicht,

Lat sang-joys dawn whan fa's this nicht!"

Whan days were unco short an' nichts gey lang,

Whan cauld nor'-easters blew wi' birlin' twang,

Whan nature had her russet garment cast,

Whan leafless trees shook weirdly to the blast,

An' cauldly shivered in their thin-clad graith

Afore snell Winter's nippin' frosty breath,

That thro' their ribs wi' eerie sough was hummin',

Portentous o' the waur days yet a comin';

Whan fouk wi' fires or waughts o' whisky toddy

Kittled the circulation o' the body,

Or crawled to bed whan blankets by the pair

Barely defied the chill bluid-freezin' air;

Whan ilka footstep heard upon the street

Rang oot a cauld-owrecomin' hame-gaun beat,

Whase echo weel this feelin' sure presaged,

That hame was best whan wintry tempests raged;

Whan Wealth, unpityin', noo thanked his stars
That he had flossy curtains, bolts, an' bars,
To baffle Winter's ony-strength blawn storm,
An' keep his Dives sel' aye michty warm;
Whan puir fouk cow'red 'neath heart-fang bitin' win's,
That coursed wi' glee thro' them frae heid to shins,
As they crouched roun' some black toom ingle-place,
Wi' Death's pale haggard shadows on ilk face.
Ah, me! ye great unknown, wi' famished frames,
God pities you whan Death asserts his claims,
(He tired o' toyin' wi' life's sair-raxed threed,
Snaps it in twain, an' maks them rich indeed).
Weel! weel! this day, when endit was my toil,
I hurried hame the free hours to beguile
Wi' Barjon's sangs or rest o' his life-tale,
Or wi' my weans pree joys that nocht can pale.
Tho' cauld the nicht, I cheerie onward sped,
The bliss o' hame a yard-step motion fed,
That, weel sustained, me swiftly hamewards bore,
Till, till, O joy! there is my ain ha' door,

Which Jean wi' han' expectant opens wide,

Wi' smiles as sweet as gin she were a bride,

That gar love's warmth thro' chilled bluid swiftly shoot,

Until it glowin' bounds frae heid to foot.

Into the parlour then I gang, an' there

Sits Barjon cosily upon his chair.

He rises, an' I mark wi' hurried scan

That he, in looks, was maist anither man.

Warm-handit smiles traversed his countenance,

His een wi' heart-joy gleamin's seemed to dance,

His locks, wi' pleasure fed, were bonnier far

Than the reflectit gleams o' meteor star

Upon the bosom o' Coruisk's lake,

Whaur mountain win's can scarce a ripple make.

A startlin' change upon him had been wrought:

Unto a higher stage he had been brought

By Jean's persuasive tact an' kindly bent,

Which (as I say) wad mak Auld Nick repent.

In his lang black Platonic garments drest,

He looked like some philosopher at rest,

Searchin' nae mair for truth he couldna find,

An' livin' noo to benefit mankind.

His welcome was sae hearty that I saw

Jean had his little whims clean swept awa.

The blinds were drawn, and brichtly burned the fire,

Castin' a cosie glare which did inspire

Contempt for ootside blasts, whase howlin' strains

Circled wi' rage aroun' the barrier panes.

The gas was lit, an' gae its cheery beams,

As threeds o' beauty to our comfort's seams;

The room seemed labourin' aneath the spell

O' woman's efforts, which can a' excel.

An' noo, wee Wattie comes wi' blust'rin' glee,—

Though scarce set doon, he maun be on my knee,

To tell his little ferlies o' the day,

An' gin Barjon an' he have been at play,

Or gin his mammy had to use the tawse

Whane'er he broke her saft maternal laws.

The black-eed rogue gangs doon, an' lauchin', sways

The cozie slippers for my dozened taes.

He sets them doon, syne, wi' his strength's conceit,

Tries hard to pu' the boots frae aff my feet;

Helpin' him, hidlin's, till he gets them aff,

He loups wi' pride, an' roars his vict'ry's laugh.

But comes the tea! an' ceased is wean caressin',

See, Jean awaits to ask the laigh wee blessin'.

The table bears its load o' wifely care,

An' tacitly invites us a' to share;

Oor little helps, its bosom clean adornin'

Wi' tidiness (a contrast to the mornin'),

That gi'es it sic a coaxin', temptin' look,

An' plainly tells a woman noo is cook.

"Sit doon, Barjon," quo I; "I'm prood, I'm prood,

To find ye noo in sic a pleasant mood.

I doot Jean has been lect'rin' ye gey hard;

Your look o' lichtness maun be her reward.

That's richt, sit doon; we maun a' duties do,

An' this is ane we canna weel forego."

Jean did the honours wi' a daintiness

That ga'e to mastication happiness.

Upon Barjon she kept a watchfu' ee,

An' stored him wi' the adjuncts o' the tea.

I, wi' a labour-whetted appetite,

Took, in the plain hame food, a keen delight,

An' gloried that nae epicurean laws

Controlled the willin' movements o' my jaws.

(Nae pampered tastes through me their qualms diffuse,

I ne'er could life enjoy aff pick-an'-choose.

I carena what I eat, gin it be clean;

I gar Content the stayin' pow'r maintain.

Ye jaundiced coofs! wha feed your stomach's crosses,

Ye chields o' courses, an' o' twal-plate sosses,

Ye may be gentlemen, but, ah! you're nursin'

The appetite that kills ye wi' its forcin'.

Gin ye a wee bit secret noo wad learn,

Just list to me; I'll tell ye hoo to earn

A Nature's appetite which nocht can foil.

It is: Eat aff ae plate, syne aff that sweatin' toil!

Disease to divers dishes is confined,

But simple livin' strengthens best mankind).

The **tea was owre, and doon we sat**
Aroun' the fire for orra chat.
Barjon seemed in a happy vein,
An' launched oot sentences amain—
Noo pawkie wit, noo aphorism,
Sparkled a luscious cataclysm.
He'd smile, then fire his happy shot;
Syne settle doon to sponge his thought,
Until re-charged, whan oot wad come
Anither burst, that carried home.
Jean, list'nin', saw that fun was comin',
An', like a lear-enjoyin' woman,
Cleared up the table, syne she sped
To get the bairnies richt for bed.
An' no to gar her lose ae joke,
I stemmed the flow, an' took a smoke.
Frae ben the hoose arose the cries
O' weans in washin' mysteries,
Which deid awa' as flannen warm
Encircled weel ilk scrubbit form;

Syne in they cam, wi' cheeks fu' ruddy,
To bid " Guid-nicht " unto their daddy,
Wha, pleased to see his bairnie wealth
In twa wee faces, gems o' health,
Ga'e double kisses in ae breath,
An' stroked their pows, an' blest them baith.
Owre to Barjon they toddlin' ran,
While baith held oot ae chubby han',
An' said " Guid-nicht," wi' looks fu' shy.
Strange! strange! he couldna gi'e reply,
But gazed upon them, while a tear,
Round, bricht, an' tremblin', did appear
Ae moment, whan, wi' sudden start,
It doon his cheek an' beard did dart!
That was the gowden heart-response,
Whase wellin' truly did announce
The sudden gleam o' other days,
Through Time's swift-rollin', dark'nin' haze,
Whan Memory's fond phantascope
Dwells on the glimpse o' times o' Hope

Which aince roun' youth unsullied shone,

But noo, alas! for ever gone!

Nae word he spak, but gently kissed

The twa wee han's, wha to their rest

Were ta'en; for weel their presence showed

They were to Barjon's thochts a goad.

Slowly his richt han' owre his broo

He wi' a thochtfu' motion drew,

Syne restin' it athwart his een,

To act the thocht-collectin' screen,

He threw his left han' owre his waist,

An' in its loof the elbuck placed.

Silent he sat, save twa-three sighs,

Which at an antrin' time wad rise,

Betok'nin' that idea spinnin'

Was aff the bobbin maistly rinnin'.

Jean quietly entered, but he ne'er

Moved round to cast a look on her.

I, hidlin's, motioned wi' my han',

The sign that wives weel understan';

Sae doon she sat, an' took a seam,

Watchin' puir Barjon in his dream,

Wha drapt his han's, an', wi' a tremblin' tongue,

On love maternal thus he plaintive sung :

SONG.

MATERNAL AFFECTION.

"Ever, ever uncomplaining, ceaseless vigils she doth
keep;

Toying with them when they waken, watching o'er
them when they sleep;

Soothing tenderly the pain-cry, with the hand whose
magic touch

Can alone assuage their troubles, for its softness
meaneth much.

Oh! her footsteps are as rain-drops to the parched and
    drooping flow'rs,
For she loves their littlenesses, and beguiles their
    weary hours.
Then she whispers tales of comfort, and of coming
    childish play;
Thus from trifles, all unwearied, pleases them from
    day to day.

"Soul affection, by affliction filtered, is divinely pure;
So her heart, in darkest trials, can with boldness them
    endure,
Till around her beams a halo of devotion truly
    rare,
Till her ev'ry movement shines as love that angels
    only bear.
Silent abnegation proving that her heart can only
    live
'Neath the sunshine of their being, and the happy days
    they give;

'Tis their joyous shouts she lives for, 'tis their love-
    endearing smiles,
'Tis their rompings, 'tis their cuddlings, can alone
    repay her toils.

"Who the constancy can measure of a mother, from
    whose breast
Gushes forth, as from a fountain, all that makes a
    woman blest?
Who by words can justice render to the nursing virtues
    great,
When the soul of love is kindled, suff'ring to alleviate?
Coronets and fashion's glory fascinating beauties
    shed,
But they worthless are and fleeting when soul-lustre is
    not spread—
Lustre that is ever shining, and refulgent shineth
    more,
When upon a bed of anguish lies of all its light the
    core.

"Give a diadem to mothers, let their praises aye be
 sung!

Let their real worth be sounded with a diapason tongue;

They no ornamental-usefuls, whose affections pure
 reveal

That their heart-chords finely strung are, when a cry of
 pain they feel.

How they boldly bear the sorrow, how to duty nobly
 rise,

Girt with love's bright golden armour, bravely battling
 for their prize.

Earth had been a darksome desert, all devoid of heart-
 repose,

Had maternal love illumed not all its never-ending
 woes."

Jean's face wi' rapt'rous pleasure shone,

As endit brewin' number one,

An' wi' an effort weel sustained,

Frae praisin' Barjon she refrained;

But owre to me she cuist a look
O' meanin' deep, frae which I took
The hint that I, wi' fittin' word,
Should roose the effort which she heard.
Quo I, " Barjon, you've made a start,
Fair-shootin' for a woman's heart.
Fegs but your nicht's sleep's dune ye guid,
An' primed ye to a lofty mood.
The tuneful muse awak'nin' sings,
An' flaffs awa on tim'rous wings;
Prone for a flicht, to try her strength
She spreads her pinions, an' at length
Soars upward to the realm supernal,
Whaur ilka sun is love maternal.
Man, Barjon, but my ee discerns
Your love for motherhood an' bairns;
'Tis poet-like, at least, if not,
A wershness aye their screeds hae got,
That shows (whate'er the words may be)
Their hearts are hingin' a' ajee.

H

I'm no to roose ye, but I own

Ye hae the sterlin' metal shown;—

Words are as but the jewel's base,

'Tis sentiment that gies the blaze."

Quo he, " 'Tis long, 'tis years ago, since by my knee

Wee innocents did stand and laugh with glee;

So, when beside me stood your bonnie pair,

Thought flew away on wings of black despair

(Like some dread vulture) to the times when I

Lived in a clime of innocence and joy.

O earth! O life! O home! where is thy bliss?

Where beams our hope, sun-rimmed with happiness?

Is it in wealth on us joy to bestow?

The bursting coffers clink and answer, No!

Is it in pow'r o'er mortals here below?

The crumbling bones of princes answer, No!

Is it in place or fashion's giddy show?

The stalking ghosts of folly answer, No!

Is it in ceaseless toil for fame's false glow?

The rustle of dead greatness answers, No!

Is it in squalor's haunts, 'mid vice and woe?

Pale, ghastly millions, trembling, whisper, No!

Where, then, can real happiness be found?

Doth it exist to cheer our earthly round?

Christian Contentment smiles, and answers, 'Come!

Behold my children and my humble home;

Here real joys and peace are to me given,

I gloat o'er wealth—the wealth from kindly heaven.

I live for them, I toil, I ne'er repine,

I feel my life to be indeed divine,

Void of ambition's wrath, save to procure

The little that can virtue best ensure,

And train them in the straight and hallowed road,

Which makes them men, and leads them to their God.'

Ah me! it is in children that we find,

The highest happiness on earth designed;

And ye have two, two little gems of light,

So each demand from me a song this night."

SONG.

BLACK-EE'D WAT.

Chorus.

" Black-ee'd Wat, black-ee'd Wat, sic a burly fellow,
Chubby cheeks, lauchin' face, curly hair o' yellow,
Fu' o' daur, ill to scaur, speirin' aye or chatty,
Licht o' limb, wha's like him, bonnie black-ee'd Wattie.

" His face is open, frank, an' free,
        That tells his heart is richt,
There's something in his sparklin' ee,
        That bodes o' future micht.
He's sturdy, an' his back is braid,
        An' pith is in his han';

I weel can see in him portrayed
The makin's o' a man.
  Black-ee'd Wat, black-ee'd Wat, sic a
  burly fellow, &c.

" His frown is but a muffled smile,
 His tears are but the dew,
That dreeps without a taint o' guile
 Frae Feelin's fountain true.
May sterlin' sense aye be his guide,
 May he a' frailties thole,
Then sure will soar in conscious pride
 His majesty o' soul.
  Black-ee'd Wat, black-ee'd Wat, sic a
  burly fellow, &c.

" An' should Adversity's cauld han'
 His fame or fortin shake,
'Twill gar his honour firmer stan',
 An' ne'er his spirit break.

Be kind to Wattie, oh, be kind!
'Tis but his hallowed claim,
For saplings like him are designed
To glorify their name.
      Black-ee'd Wat, black-ee'd Wat, &c.

Jean hung on ilka line bumbazed,
Doon gaed her seam, an' up she raised
Her han's, as if on Barjon's pow
She meant to gar her blessin's flow,
Haltin' (just like a thochtfu' woman,
Wha deems display aye unbecomin'),
She wi' an eager mither zest
Poured oot the pleasure in her breast.
Quo she, " Barjon, I canna hide
The swellin' o' my inward pride;
To hear ye roose my Wattie so
Gars love's strong tide tumultuous flow."
Quo he, " Aweel, we maunna lat this moment pass
Without a lilt anent the wee bit lass."

SONG.

TOTUM TEENIE.

"Totum Teenie, tak your feetie
   Up an' rin awa,
Kickin', lazy, little feetie
   Winna gang ava.
Stan' alane noo,—there's a lammie,
   Tremblin' a' wi' fear;
Tak ae stap noo to your mammy—
   Mammy kneelin' near.

"Totum Teenie's limbies shakin',
   Blue een fu' o' doot,
Lippies quiv'rin', heartie quakin',
   Han'ies spreadin' out.

Looks to mammy for her meanin',
  Kens it's a' for love;
Totum Teenie, shoggin', leanin',
  Tries to mak a move.

"Totum Teenie, dinna swither,—
  Losh! she tak's ae stap;
Bless the lam'! she's ta'en anither
  Into mammy's lap.
Loud her goo o' pride is swellin',
  Speakin' are her een,
Silent wordies, plainly tellin'
  That she brave has been.

"Totum Teenie, may ye ever
  In life cautious be,
Disappointments then will never
  Dim your bonnie ee.
Over-confidence is error,
  Totum, may ye ken;

Caution is the gowden mirror
O' lassies or o' men."

Ere he had ceased his simple lilt,
Jean had its hame-gaun pathos felt;
An' swith atour her cheek careers
Its testimony, in her tears.
Her heart was fu' o' pride an' love,
An' thochts o' what her weans micht prove
In days to come, whan frae her gane
To warsle wi' the warl' alane.
Quo I, " Barjon, she canna speak!
Her silence is a gran' critique.
Had I a crumb o' your sang-gift,
An' o' ilk ither wealth-source reft,
I own that I mysel' wad deem
Possessor o' a' riches' cream,
To pree at will, an' preein', bear
Joys unfelt by a millionaire.
Whan gowd an' glitter, pile on pile,

Could ne'er ae moment's pain beguile,

Or bring me ae wee snatch o' peace,

Or gar the deep heart-gnawin' cease,

'Twad soothe me then, in darkest hours,

To find relief in heav'nly pow'rs.

Barjon, your han' 1 come, loof to loof!

We're prood to hae ye 'neath oor roof.

Dae as ye will as lang's ye like,

Thae sangs wad balance ony fyke;

Ye fairly ding us wi' your pace

O' simple themes, an' words o' grace.

The secret o' your ease an' lucence

Maun be the real Parnassic essence;

Whate'er it is, it maun be said

You're perfect master o' your trade.

Excuse me, but ye promised me

The rest o' your sad history

Yestreen, whan twal sae loodly spoke,

Your tale the summons rudely broke.

Noo, gin you're feelin' sae inclined

To open oot your stores o' mind,
'Twill please us 'mazingly to hear
The ither points o' your career;
This cauld nicht's oors will swiftly flee,
An' list'ners gran' we baith will be."

With eyes half shut, with hands on knees he sat,
Indiff'rent or oblivious to my chat;
Enveloped in a lostness vague he peered
Intently on the fire, as if careered
Within the darting flame, or glowing red,
His broken story's interesting thread.
Jean busily her silent needle plied
With seeming ardour, yet I ofttimes spied
An anxious glance steal from her wond'ring eye
Upon Barjon, the poet-mystery,
Who broke the silence (turning slowly round),
And spake, with voice sweet, organ-toned, profound:

"Ah, yes! my story, this you truly claim,

'Twas when my loved Mirella's vision came
To me last night, a thin ethereal form,
That I abruptly ceased my story charm.
Ah me! 'twas not to be! we loved! she died,
And in the old churchyard our village pride
(When on the earth lay winter's sadd'ning snows)
Was gently lowered to her last repose.
Each loom was still, and hushed the village lay,
The noisy children, erst so keen for play,
In whispers spoke, nor sought the death-stilled street,
But gazed in sadness from their window seat
Upon the mourning throng, that far and near
Gathered to follow her, to all so dear.
And tender mothers sobbed with grief o'erborne,
As if from each a daughter had been torn;
While some, for love, would comfort's words impart
To soothe the childless widow's broken heart,
Who in her desolation seemed to be
A wreck to madd'ning grief and misery—
No words her sorrow's storm could e'er assuage.

Mirella dead gave twenty years to age,

Which in a day had furrowed deep her brow—

Her all was gone, her cot was lonely now.

Slow from the manse the minister appeared,

The throng of mourners opening as he neared;

With recognition's words in whispered breath,

He sought the melancholy room of death,

Where lay the cold remains, enrobed in white,

Of her, who listened oft with soul-delight

Unto his messages of grace and love,

Which tipped the wings that bore her soul above.

His solemn calmness was to tear-torn eyes

A gleam of sunshine o'er cloud-darkened skies;

Sobs muffled were, and sighs did softly cease,

Before the reverend messenger of peace,

Who, with uncovered head and hallowed air,

Implored the Fount of Comfort in his prayer

To be a tower of strength to her now bowed

Beneath the angel-claim of her just God.

Then shoulder-borne, with grief's steps, measured, slow,

They bore the Pure across the spotless snow

That mantled the churchyard unblemished, save

The dark spot of one solitary grave.

Deep silence reigned, for all were friends of hers;

And round the little gap the cottagers

With heads uncovered stood, while old and young

Poured the hot tears which from affection sprung.

I too was there: I heard the sound of sounds

From earth's cold, greedy lumps, whose sullen bounds

Upon her coffin rung, in tones which said,

' I conquer all! I am the final bed.'

Ere closed the grave, a warbler rose o'erhead,

And poured, with trembling, flutt'ring wings outspread,

Its melting song of joy, in notes which told

Of light and life beyond the clammy mould.

It hov'ring sang, until the little mound

In grim relief was formed upon the ground;

And when the spade's last stroke had shaped the clay,

It ceased its song, and quickly flew away,

Perchance to come, when vernal beauty drest

The little spot, and build its cosie nest.

The act was o'er, the last scene of the play;

With one long glance all sought their homeward way.

I lingered long, long, long, till all were gone,

And then, O God! I knew I was alone!

When suddenly an unknown pow'r I felt

Swift stealing o'er me, and I stricken knelt

Upon the grave, and vowed to Heaven above

That buried here lay all my love for love.

I shattered rose and sought my humble home,

And felt the village had to me become

An emptiness, where, as a gloomy cloud,

Hung detestation's cold and sick'ning shroud.

No more to me the world seemed bright and fair,

My former beauties withered 'neath despair.

Tweed's silv'ry song, that erst to me was joy,

Seemed but a sound of painful mockery;

The gentle breeze that shook each laughing leaf

Swept as a scornful hiss to fire my grief;

The nodding flow'rs upon their house-kept beds

Smiled, and contemptuously wagged their heads;

The sweet musician of the clouds no more

Poured songs that sounded as they did before.

All, all was changed; all things to me were cruel,

Remained the setting, but without the jewel.

Oh! sad, sad, sad, hope-wrecked, and doomed to bear

Th' eternal hauntings of the mind's nightmare,

Which, goading on with unrelenting art,

Whispered, ' Begone! from out this place depart,

Thy home no more is here, some other spot

Must quell or multiply thy mis'ry's lot.'

In dells secluded or on hill-tops lone

I heard a voice soft whispering, ' Begone!'

In forests dark, by ruins ivy grown,

The rustling leaves in sadness said, ' Begone!'

The rushing winds, from Heav'n's deep trumpets blown,

Shrieked long and wildly out their fierce ' Begone!'

Lightnings, swift-winged, and thunders rolling on,

Traced on the riven firmament, ' Begone!'

At nights, when by vague slumbers overthrown,

A ghost would stalk, and, pointing, breathe, ' Begone!'

Ah me! the place was curst; peace, joy, no more

Lay cradled in the beauties of before.

My songs of woe, strange sounding from my lyre,

Impulsive sprung, as flames from sorrow's pyre;

Apart, alone, they would tempestuous rise

In wailing echoes o'er the smiling skies;

And unseen voices, poured from spirit tongues,

Took up the sad refrain of sadder songs,

Till rung around me, far, and wildly high,

A tempest chorus of grief's revelry.

Methinks my mem'ry can recall, e'en yet,

Two songlets which are stamped with life-regret!"

SONG.

WHAT IS LIFE?

"What is life without its sun?

What is life when hope is reft?

'Tis an endless night begun,
    Where no ray of light is left.
I can ne'er find comfort now,
    Earthly happiness is fled,
'Neath my sorrow I must bow:
    Life is naught—my love is dead.

" Tell, O Sun! why dost thou shine?
    Cease! thy love but gives me pain;
Fly, ye rays, that erst divine
    Ne'er can captivate again.
Hide, thou pitying Moon above!
    Deep within thy cloudy bed,
Back, ye Stars! that glow with love:
    Life is naught—my love is dead.

"Welcome, Darkness, with thy pall
    Bind me in thy loved embrace;
Light that once could me enthrall,
    Mocks my riven soul apace.

Sing, ye playful Winds, no more,
    Sigh a mournful dirge instead;
Ever sorrow pæans pour:
    Life is naught—my love is dead."

" Ever present is the past;
    Ever present is her form;
Evermore is life o'ercast;
    Ever raging is grief's storm.
Death, why hast thou me forgot?
    Gladly I'd thy message wed;
Light is mine when life is not:
    Come, sole friend, my love is dead!"

CHANT SONG.

HUSH! ROUND ME SING.

" Hush! round me sing the spirits of the wind,
    In voices many-toned and full of woe,

Rolling in mournful cadence unconfined,

  Their symphonies of pity moaning flow.

     Moan on! moan on!

     My joy is gone.

Ye host unseen, pour from your cloudy caves

Your chants of sorrow, tuned from many graves;

     There, there alone

     Peace hath its throne.

Oh! ev'ry blast, their kindred echoes wing,

  Till round me sweeps a trailing wave of woes,

Whose monotones eternal cannot bring

  Unto my soul one note to give repose.

"Ye sighing trees! whence is your sorrow's voice?

  Why weirdly sway your heads when I am
    near?

Tell me, do ye in whisperings rejoice

  To know that I am lonely, lonely here?

     Sigh on! sigh on!

     My joy is gone.

Your quiv'ring shadows lisp, with trembling
    tongues,
The deep refrain of spirit blast-sung songs;
    Ye, too, have shown
    Of pity none!
O winds! O streams! O trees! ye pow'rs above!
Unfathomable, darkest mystery!
Why give life joy? Why rend the joys of love?
Then glory in your ruthless victory."

"Spring came, but no spring hope to me displayed;
No light of joy dispelled the gloomy shade
That coldly clung around my withering heart,
And slowly gnawed the little left to part.
Flow'rs peeped, but I was blind; birds sung, but I
Heard not their vocal trillings in the sky;
The tender grass-blades waved, and wee buds burst,
I saw them not—I felt myself accurst.
No spring-time dawned o'er me; my eyes no more
Beheld the darling beauties that of yore

OR filled my rapt'rous soul unto the brim,

That, overflowing, poured its vernal hymn.

Gone now for ever were my fond delights,

And nought was left but—what?   Eternal nights!

In which unmitigated inward strife

Destroyed the hope once rooted in my life.

So, from the humble roof that sheltered then

A mother—queen!—a father—best of men!

I, 'neath some madd'ning influence or pow'r,

Stole gently forth one darksome midnight hour,

When calmness slept o'er all, and when the pair

Reposed serenely after evening prayer.

All, all was hushed, no sigh or sound I heard,

Save when some distant watch-dog's howling stirred

The clammy air, that startled, moved, and then

No echo gave, but rustling slept again.

With stealthy, fev'rish step, with brain a-fire,

I sought the spot where lay my heart's desire:

O'er the low wall I in the darkness crept,

Crawling on hands and knees, where soundly slept

The dreamers cold beneath the shooting sward
That softly clothed the ever-new churchyard.
My starting, gleaming eyes still onward led,
My hands instinctive clutched each chilly bed,
Until where grass grew scanty, and I felt
The unclothed earth of deathly newness smelt.
Oh, then I knew I lay once more upon
The dull abode of her, now mould'ring on!
I kissed the blessèd earth, I poured my grief
In tears that clung to ev'ry grassy leaf,—
I sealed my vow! A sacred handful trust
Of the dear soil that mingles with her dust
I took, and cherish still with miser art;
For it has felt each throb that moves my heart,
And lies the monitor of times to come
When we shall live in an eternal home.
Again I kissed the earth!—tears burning fell!
I, gasping, fainting rose, and breathed 'Farewell!'
When suddenly an owlet's wailing cry
Rung out in scornful midnight mockery—

' To-hoo! To-hoo!'—'twas wonderfully near,

    As if some ghost the sound hissed in my ear.

    So, staggering on, aflame with madness' sway,

    Distance was mine ere dawned the sun that day."

SONG.

A' O' LOVE I LEA' FOR EVER.

" Midnicht win's were sairly sighin',

    Sighin' oot their sorrow deep;

Hoolets mournfully were cryin',

    Cryin' frae ilk lonely keep;

Sadly poured the Tweed its moanin's,

    Moanin's frae its bosom fair;

Dowie dells replied wi' groanin's,

    Groanin's fu' o' love's despair.

        A' o' love I lea' for ever,

            Ever frae my hame to pairt;

Nature's fareweel seemed to quiver,
    Quiver thro' her lover's heart.

" Gloomy ghaists were dimly flittin',
    Flittin' like a shadit licht;
Eerie forms were grimly sittin',
    Sittin' on the cloods o' nicht;
Forest spirits gray were dancin',
    Dancin' roun' my lanely path;
Spunkies dartit, wildly glancin',
    Glancin' oot their fitfu' wrath.
        A' o' love I lea' for ever, &c.

" Heather hills wi' dew were hingin',
    Hingin' tears that nought could dry;
Loupin' rills were laighly singin',
    Singin' oot a sad ' Guid-bye.'
Warrin' tempests in me heavin',
    Heavin' in my joyless breast,

Raged an' madly lashed my grievin',
   Grievin' that ne'er kens o' rest.
      A' o' love I lea' for ever," &c.

"Civilization's Empress! London Great!
Nor Babylon nor Rome in palmiest state
Could influences such as thine impart
Unto the world, which feels thy throbbing heart
In every clime (A foster-mother thou
For all who to thy wisdom wisely bow).
Here the experience of a thousand years
Is but the helm that all unswerving steers;
Here Freedom rose and struck each despot down,
And liberty makes light the island crown;
Here faith untrammelled braved the Roman fires,
And Papal drivel fell with martyred sires;
Here superstition shrank at dawning science,
And millions breathed the air of self-reliance;
Here wealth's sole river found a strengthening course,
And fleets and armies told its mighty source;

Here legislation based on wisdom reigns,
And guides the destinies of vast domains;
Here true progression limns the storied page, ,
And social elevation marks each age;
Here is the nursery for men who stand
The empire meteors of their fatherland;
Here lies the dust of countless sons of fame,
Builders of hist'ry, of immortal name;
Here happy, peaceful millions, toil-arrayed,
Reap countless blessings from extending trade.
Oh! London, great and glorious! oft to thee
Fame's young aspirants throng with hopeful glee;
The yearly batches, poured from school or college,
In thee alone find value for their knowledge.
With hectic hopes young scientists aspire
To set thy reverend Thames for once on fire,—
The longing dream that haunts their minds alone
Is—'Oh, to be in London and be known!'
Philosophers in embryotic state
Think, too, that in thee they'd be reckoned great.

With visionary magnitude instilled,

And coat-tail pockets with crude MS. filled,

They leave the quiet of a rural home,

And, trudging wearily, to thee will come,

To find that publishers are men of sense,

Who measure all philosophy by pence!

Dejected, baffled, racked with galling shame,

They truly feel 'tis hard to earn a name.

As sneers of 'home again!' are darts of pain,

They, unknown, struggle manfully to gain

A livelihood by drudg'ry toil, which gives

A poor subsistence to their nameless lives.

So, too, the poor provincial painter's aim

Is, once in thee, and certain is his fame.

With patient labours o'er some fancied prize,

That none hath witnessed save his ardent eyes,

His straining fancy sees a coming day,

When his reward shall be 'the new R.A.'

With pallid cheek, with eye ambition-fired,

He deems his great idea paint-inspired,

And, 'neath its fascinating influence,

He's robbed of strength and sleep, yea, e'en his sense.

With nervous touch his masterpiece is done,

Then scanned from every angle 'neath the sun;

And by the impulse of his weakened reason,

Pronounces it 'The Picture of the Season.'

'Tis then despatched with miserly precision

Unto the 'R.A.'s' annual exhibition;

While he, with anxious heart and genius' care,

Reaches thy precincts by a third-class fare,

Finding some garret where a 'little' pays,

He wearily awaits the day of days.

With hungry look he treads thy busy streets,

And sees a stranger in each face he meets;

Then truth's slow light steals o'er his mind, and shows

That London hardly every genius knows.

Alas! he seeks his humble room confused,

To find a note containing but 'refused.'

As dashed to atoms is the mirror glass,

So dreams of fortune from his vision pass;

As 'neath the aqueous show'r dies out the flame,

So sink his golden hopes of future fame;

Then comforting himself with hate's disgust,

He deems the judging committee unjust.

In rising anger (thwarted hope's revealer),

He sells his Hope Star to a roguish dealer.

By disappointment wrecked and overthrown,

He paints for bread, and lives in thee unknown,

Learning this lesson, that in thee 'tis hard

For painting genius to receive reward.

So, too, the poet of the soaring soul,

Panting to reach the crest of fortune's goal,

Dreams that in thee his verse will surely meet

The wide applause that lays thee at his feet.

Far in some rural home perchance he dwells,

Unknown, save what the local weekly tells,

Where, in the chanter's corner, shabby, curt,

Ofttimes is seen a weak and wershy spurt

Of rhyming greenness, sour as fruit unripe,

And scarcely worth its setting into type;

Yet proud he is to see his name below it,

And prouder still when dubbed 'the local poet.'

Thus, feeding on the printer's ink each week,

Ambition makes him loftier efforts seek,

And fills his mind with vain poetic dreams

Yea, all the hollow host of poets' schemes,

Until, half-daft, he deems himself designed

To be the latest poet of mankind.

Concocting, then, some poem-story, rough,

He fills the foolscap with the frothy stuff,

And plumes himself that poet-stars will sink

Before the radiance of his—wasted ink!

His labour done, he finds his village-home

Too small for him, so off to thee he'll come,

Convinced that his word-blethers now will soon

Be read in every kitchen or saloon.

Like some magician's wand, each rumbling line

He thinks will startle such a world as thine;

That Wealth and Fashion will before him bow,

And loud aristocratic plaudits flow;

That each palatial residence will be

Honoured to have his matchless company.

That Beauty, smitten by his sunlight laugh,

With tearful eyes will beg his autograph.

That publishers, of every honour stript,

Will fight for ' who will have the manuscript.'

That stricken critics, eager all to know him,

Will bare the beauties of his conqu'ring poem.

Vain dreams! vain hopes! that vanish as the dew,

When he submits his manuscript to view.

' I'll read it over, call some other day,'

Is all he gets to keep his dream in play.

Collapsed with his reception soon the charm

Of taking thee by his poetic storm

Fades from his mind, and common sense's scan

Dawns, but to show him as a common man.

With heavy, heavy heart, with light, light purse,

He finds a sky retreat the cheapest course,

Whose avenue is but a dingy stair,

Leading into a bower ten feet square.

For eighteenpence a week (without attendance),

The poet mole burrows in independence;

A straw mattress, a table, two old chairs,

Dishes enough for one who cheaply fares;

A poorhouse fire-place, thro' whose bars the play

Of flame is only witnessed once a day;

A doorless cupboard, on whose shelves are laid

The scanty remnants of his mouldy bread,

Round which the famished mice in hordes appear,

Only to drop the disappointment's tear;

One little window with a broken pane,

In which a hat repels the wind and rain;

In its recess his little chest is laid,

The lid with dressing requisites arrayed;

A frameless looking-glass, a jug, some soap,

A basin chipped beyond remedial hope;

A comb and brush, whose aspect bare portrays

That they have seen some better former days;

A farthing candle in a bottle placed,

Adown whose sides thin streams of grease are traced;

K

A cutty pipe, a box, with matches few,

Repose beside a half-used 'penny screw;'

While round the frowsy walls are pinned secure

Woodcuts of famous men in literature,

Poets and novelists of marked renown,

Whose faces seem to bring th' afflatus down,

And stir the fire of his ambition Sapphic,

That his phisog may, too, adorn the *Graphic.*

Thus denizened 'mid poetry of sparrows,

Far from the rumble harsh of hucksters' barrows,

He bears the ills of life, and scribbles verse

That none will print, and but himself rehearse,

Buoyed with the hope that his abnormal poem

Will make thee, callous London, keen to know him.

Doubt's hungry feasting is his daily diet,

And moodily he waits the coming fiat.

With expectation high, with anxious looks,

He seeks the sanctum of the judge of books,

And hears him slowly judgment on't pronounce:

'That this MS. is written by a dunce!'

Aghast and stunned, with hand that nervous shakes,
The manuscript of fate he quiv'ring takes,
And, speechlessly, within his bosom hides,
Leaving the counter with inebriate strides.
With whirling brain he seeks his lonely lair,
To nurse his rankling sorrow and heart-care;
Then from his heaving bosom rudely draws
And flings into the fireless grate the cause
Of his misfortune and fame-visions bright,
Which, as a shadow soft, pass from his sight.
In darkness groping, on his clammy bed
He all undressed lays down his fevered head,
To seek in sleep the calm quietus which
All brain-fire smothers, and doth sense enrich.
Shivering and cold he wakes the coming morn,
Joyless, aimless, of every life-hope shorn.
The rumbling carts, the milkman's shrilly cries
Ascend and fill the smoke-enveloped skies,
The footfalls of his unknown neighbours near,
Upon the creaking stairs salute his ear.

He, from his window with *Alone* emotion,

Wistfully gazes on a house-top ocean,

Marking a tiny sparrow's early toils

To gather crumbs from off the sooty tiles,

Cheerfully chirping, as it hops along

It gains a little for its helpless young.

Then, in the sparrow's efforts he discerns

The alphabet of Fame; and this he learns,—

That true success is theirs who ne'er succumb,

But joyfully search on to gain a crumb:

E'en from adversity's bleak, frigid waste,

Wee joys collected prove a glorious feast.

Thus cheered, he feels he yet may make his mark,

So shelves his poetry and looks for work.

Untutored in the ways of trading men,

He seeks a sphere congenial to the pen.

Applying ceaselessly, rebuffed, downcast,

He wakes one morn to find success at last:

The menial drudg'ry of a copying clerk

In some law office is his hoped for work,

But what recks he? his soul is far above
The legal foolscap he can never love;
'Tis his to copy as a duty's course,
Which lines but lightly his contracted purse;
'Tis his, when comes the night to limn the song
Which all day fluttered on his silent tongue;
'Tis his to nurse the gentle wish that he
Will one day shine in realms of minstrelsy.
So, nom-de-plumed, he oft with careful pains
Sends to the leading monthlies garret strains;
Keeping his sparrow-teacher in his eye,
He sinks his dreams and waits all patiently
The critic editor's opinion sage,
Spoken, if printed, on the title-page.
At length approval of his rhymes is seen
Conspicuous within some magazine;
He ill can spare it, yet he this one buys,
And proudly gloats upon his joy of joys,
Which fans the fire poetic, and he throws
Another off, where beauties more repose.

Again 'tis printed, and he now believes
His fame will blossom on the monthly leaves,
Which bear throughout the land his flowing verse,
That prince and peasant may, perchance, rehearse.
Scribbling at law no more, tho' mighty poor,
He makes his *début* in verse literature,
And slowly gains th' acquaintance loved, of those
Who bear poetic laurels on their brows.
Extending now his operations' base,
He feeds some others with his monthly lays.
His widening friendship's claims from him require
That he should spin, but spin alone for hire;
So, on their staff he's placed, and finds himself
A rhymer, writing for his monthly pelf.
No more his humble room gives him delight,
So to the suburbs he must needs take flight.
A cosy lodging, say, on Denmark Hill,
Is where he pecks his crumbs of song at will,
Which seem to wimple from his cudgeled brain,
Lacking the garret inspiration strain:

He gains the cash, but loses the divine,

And pawns the muses for so much a line.

Th' inspiring Goddess, blushing, turns her back,

Upon the mercenary poet-hack,

Whose wooden words mechanically roll,

As verbiage without a spark of soul.

The jingling flights, in purist style arrayed,

Are squeezed for pence from his commercial
   head;

He strains at fame, but readers well define

That sordid poets are not genuine.

Hence, 'tis their verdict after he is gone,—

' He sang for money, and for that alone,'—

Defaming Heaven's sacred monopoly,

His mem'ry withers with the great *vox populi.*

'Tis thus, in thee, O London! many youths

Are living evidences of these truths;

For one who gains a pittance, hundreds be

Condemned to write in cold obscurity.

Ah me!"

The fire was gettin' dull an' low,
An' sae I rudely stemmed the flow
O' Barjon's tale, which rinnin' cam'
Like heart-disclosures owre a dram.
Jean fidged and hirsled on her chair,
An' cuist on me a poutin' stare;
She sat entranced wi' what she heard,
An' ne'er her needle elbuck stirred;
The seam unstitched lay on her knee,
The lang threed in the needle ee
Hung curvin' doon, for wi' the tale
Her eident measures seemed to fail.
I saw her wifely nature felt
The poet-sorrows Barjon tell't.
At the description of his room,
True pity did her face illume;
The roof-formed biggin', cauld an' wee,
A mither's tear brought tae her ee,
For fancy wi' her showed the chiel,
Wi' nane to help, wi' nane to feel,

Awa frae a' saft han's an' looks,
An' wastin' life wi' makin' books,
That ither's pleasures micht be sair'd,
Wha heedna hoo the writer fared.
(Oh books ! oh mines o' pleasure's bliss!
O' weary oors sole happiness!
Thou only tombstanes aft o' those
Whase life has been a gall o' woes!
Hoo aft the dull possessor's scan
Sees but the print, an' ne'er the man!
They handle, read, but never think
Upon the oors o' brain-dyed ink
O' those wha, aft unknown an' poor,
To leaden moments wings ensure!)
Her chagrin noo, though unexpressed,
Lurked in anxiety for the rest.
The fire was charged wi' coals aince mair,
An' back I gaed intae my chair.
Barjon, fu' moodily, looked roun'
Wi' sic a glow'r that maist a stoun'

O' fricht shot through Jean, for I saw
She blankly gazed upon the wa'.
Syne roun' on me his een he turned,
That literally ripplin', burned,
Dartin' the inward gleams o' soul
Frae oot its vents without control.
Returnin' straucht his look, I saw
The weakness o' my ain guid twa,
That ne'er hae blinked 'fore man or ghost,
An' tae this oor had been my boast;
For, as I gazed his larger grew,
An' seemed to burn or pierce me through.
'Twas not an ord'nar' look o' hate,
'Twas not the darts o' angry state,
But 'twas the lang volcanic glow'r
O' flittin' reason's weakened pow'r,
That slowly, slowly leavin' hame,
Set a' the garniture aflame.
To calm his fears, and quell the storm,
I tried the coaxin', crony charm.

Quo I, " Fegs, Barjon, but ye hae depicted

The hauf-daft ways o' chiels afflicted

Wi' fouth o' genius, an' wha' claim

Lunnon to be the spot for fame.

Whan genius' bairns their genius ken,

They spoil themselves and ne'er mak men;

Their giftie great, guid sense o'erwhelms,

An' sae they stoiter, reft o' helms.

Painters an' Poets, heirs o' Pity,

Struggle gey hard in Lunnon City,

An' a' for nocht, but, as ye say,

There may be some can make it pay.

I doot the great unkent are many,

Thae chiels wha never mak a penny,

But live, an' fecht, an' paupers dee,

Without ae freen to close their ee.

Puir wretches, unto whom are given

The lofty fire direct from Heaven,

Spurned by this unpoetic age,

No frater-loves their griefs assuage;

None seek to cherish, none to save,
They sing, an' sink into the grave.
'Tis strange, whaur genius sits enthroned,
'Tis by humanity disowned!"

His een had lost their vivid stare,
He moved uneasy in his chair,
His gaze he turned up to the roof,
Syne owre his broo he drew ae loof
Wi' licht-like motion, aft repeated,
As if tae lowse some thochts deep-seated.
Doonwards an' slow he brocht his heid
The tablets o' his mind tae read.
Wi' quiv'rin' lip, an' quiv'rin' tongue,
He suddenly threw aff this song:—

SONG.

GENIUS LOST.

" Son of Genius ! ill-requited,
　　All unknown;
Close to poverty united,
　　Struggling on.
Dreary days and humble fare,
Bearing hope's deceiving care,
Living all as Sorrow's heir—
　　Sorrow-grown !

" Tasting not of earthly pleasure,
　　Melting, pure;
In his soul-illuming measure,
　　Rich, though poor.
Warbling forth love's wanton lays,

Sparkling with ethereal rays,
Others' joys, bereft of praise,
　　　To ensure.

" Beauties heav'nly cling transcendent
　　　To his mind;
Viewing all with eye resplendent,
　　　God designed.
Wearing not earth's hollow gloss,
Reaping not earth's golden dross,
Higher aims his heart engross,
　　　Fortune blind.

" Battling with the phantoms real,
　　　Life's dread host;
Feeling but the sole ideal
　　　Uppermost.
Plunging in the turbid river,
Ending all his woes for ever,
Nameless, fameless, pleasure giver,
　　　Genius lost!"

He sang the woes he truly felt!
Whan endit he this pathos' lilt
His voice, the ootcome o' his storm,
Gae till't a captivatin' charm;
Heart-grippin' in its tone it fell,
As if his soul were in ilk swell.
It clung to Jean (wha sat fu' pale),
Maist like a widowed mither's wail.
The feent a steek gaed in the claith
Whan list'nin' to the genius' death;
But, sittin' like a statue wan,
She gazed intently on the man
Wha sang o' thae puir bairns o' men,
Wha wield the heav'nly-tippit pen,
Syne dee, unmourned, unkent, forgot,
Wi' nocht to mark their restin' spot.

The fire wi' cheery lang lowes gleamed,
But Barjon a' oblivious seemed;
Silent he sat, his een were closed

An' maist I thocht he saftly dozed.

Fu' weel I kent the rampant hizzie

Within his scaup was unco busy,

An' that o' sangs or sonnets she

Had mony mair this nicht to gie;

An' that o' poet sorrow woes

He had as yet mair to disclose,

Boon a' that he had mair to tell

O' times pertainin' to himsel'.

We baith were anxious noo to hear

The links that boun' his ain career

Wi' chiels in Lunnon sair negleckit.

That he was ane we baith suspeckit.

Quo I, " Barjon, I trow that wee bit ode

Depicts an owre sair trodden road,

By chiels whase burnin' fires within

Mak Reason's grand partition thin;

Reducin' them wi' process saft

To beings virtually hauf daft,

Till comes Despondency's black wraith

That brings the sel'-inflicted death.

I doot, I fear, some live and mak

The grunstane ills upon their back.

For whan Ambition gangs agley,

Swift, rushin' is its doonward way;

An' sons o' genius, fond o' fame,

To deeds o' weakness aft lay claim,

Thinkin' that wi' their talents' licht

Unmanly acts are hid in nicht.

Hoo true it is, I canna tell;

Their greatest foes are in themsel'.

For he, by wild impulses shoalward driven,

Insults the brilliant genius to him given!"

Fidgin' awee, Barjon slow ope'd his eyes,

An' bent on me a look o' hauf surprise,

Jean coughed, an' turnin' slowly in his chair,

He smiled upon her with a sweetness rare,

Which, she returnin' wi', o' looks the ace—

Her true heart's magnet, limned upon her face—

Dispelled the anxious gloominess that clung
Aroun' his features, sae wi' silv'ry tongue,
Quo he, " 'Tis true, 'tis true, that aft a change of sphere
Is but the Alpha o' a wrang career,
For mony poets, seekin' sudden fame,
Wad nobler been had they remained at hame,
An' nobler still had they but learned some trade
By which to earn the independent bread,
An' wi' the gran' nobility o' soul,
Wad rather toil than tak a pauper's dole.
O! I hae kent a wheen gey clever fellows
(As fu' o' poetry as a smiddy bellows)
Gang aff to Lunnon, whaur be-beggared they
Slid doon the hinderways that lead astray.
Puir wretches, empty wamed, in dingy hovels,
Writin' dull poems, or sensation novels;
Or, 'neath a haup'ny caunel's drowsy spark,
Spinnin' blue sangs, or sonnets—save the mark!
Which, like gaunt Poverty's be-hungered broth,
Than real sustenance there's mair o' froth.

In purist style they'd pour the wershy dramach,

Bereft o' heart, an plainly stamped wi' stamach.

I've aften kent them lab'rin' michty hard

To earn the name o' bein' the comin' bard,

Or born genius; but their wooden lyre

Gae phosphorescent glints instead o' fire;

Or discord notes that soun't like cheep o' sparrows;

Or like the scant-oiled wheels o' dunghill barrows;

Or like a girnin' bairnie's fretfu' yelpin',

Whan the thrawn mither is its hurdies skelpin';

Or like a saw's birr on the pain-struck ear,

Whan rippin' up mahogany veneer;

Or like a brake whan to the wheel applied

O' the swift coach descendin' some hillside;

Or like a Pope's decrees, sae noo weel kent,

Their chiefest merit lay in bein' in print.

Yet thus thae brayin' donkies cock their heids,

An' starve wi' nibblin' at Parnassic weeds,

Which are life-poison to the sel'-blin' duffer,

Wha, famished, eats, but only eats to suffer.

Spendin' their little pence (though ill at ease),

Within the precincts o' the 'Cheshire Cheese,'

Whaur porter-quaffin' an' a 'penny screw'

Will coax their drumlie muse to flichts anew.

Puir porter-drookit Musie, aye sae gash,

But flaffs her wings, an' spurns the cauldrife trash,

An' ne'er will soar like some bit lav'rock frisky,

Withoot the aid o' sterlin' Hielan' whisky.

Castalian drink, the poet's kittlin' joy,

Thae creaturs sometimes smell, but canna buy.

Sae, in the ' Cheese' the warblin' herd aspire

To happy be, aroun' their only fire.

O' this new novel, or that poem comin',

Or that description o' a nakit woman,

Or what ilk individual ane is at,

Will constitute their elevatin' chat.

'Tis thus they live, an' seem content to bear

The rough-muse life, an' tough Parnassic fare;

Courtin' the ways that aften lead to drink,

They deem their troubles spring frae genius' clink.

E'en scornfu' pity is to them nae shame,

They seem to revel in their raggit name.

They'll keep themsel's pooch-toom an' beggin' puir,

Syne blame their country wi' ootpourin's sour.

Their hearts, misplaced, lie in their breeches' seat,

Worm-eaten thro' an' thro' wi' rhyme conceit;

Yet, in their throes, they'll flattered be that they

Hae made a name that knoweth no decay;

Inflatit that they ne'er will be forgot.

Tho' poverty an' rags were a' their lot,

Sel'-made misfortin' owre thae fools presides,

The public miss na moral suicides.

Oot on thae rhymin' coofs! wha sink the man,

An' bury manhood 'neath a flimsy ban;

They but insult the muses' gowden beauties

Wha fear to grapple wi' life's sternest duties,

An' scorn to sweat, yea, loathe some honest toil,

An' bear a toom wame for their muse's smile.

Sae, as ye said, thae are the great unknown,

Chiels wha wi' ocht but genius wad hae shone.

An' mony, mony are in Lunnon wrecked,

Eikin' oot lives o' mis'ry an' neglect,

Tryin' to be what they are really not,

They're kent as scribblers an' as sic forgot;—

Tho' antrin' anes aft luckily command

The floatin' grip of some rich patron's hand,

Sae, sheltered crousely 'neath sic bieldy wings,

He lives on charity, an' freely sings.

His sphere is higher, yet lower in a sense;

He gains a livin', but at what expense?

To be a barnacle to wealth and such

Makes independence don a widow's mutch.

An' wither in the bosom o' the chiel,

Too prood to toil, yet fu' o' begging zeal,

Tunin' his lyre to suit his situation,

Flatt'rin' his buyer in his dedication,

Wha, prone to save his name frae blank perdition,

Forks oot the cash to publish the edition.

His poet's purse could ne'er the means supply,

For publishers o' poetry are shy.

Sae oot it comes, and soon reviewers' pounce
Upon the youngster, and its fate pronounce,
In scathin' words o' adverse criticism,
Which cools the patron, and promotes a schism.
Cast-aff, negleckit, without purse or friends,
He writes for trifles an' gey laigh descends,
Until at length his questionable fame
Is soon forgot, as weel's his vera name.
Still, there are ithers, meteor men, wha thrum
Melodious notes that ne'er to ocht succumb,
Which show they are the nightingales o' Time,
Immortal warblers reachin' the sublime,
Wha snugly on the Muse's bosie lie,
Whase nervous heavin's fire their minstrelsy,
An' gar them weave wi' threeds amaist divine
The sangs that mak their country's glory shine.
They are the favoured few aroun' whase brows
The weel-won laurel garland radiant glows
That ne'er can fade, for honeyed imag'ries
Hae fed the sap-veins o' its traceries.

Nae bauble titles theirs on name bestowed,
Their poet diplomas are signed by God;
An' sae, upon Eternity's tombstane,
Their blazoned names are carved, nae mair to wane.
These are true men, the poets o' sunlicht,
Whase lives are weel in keepin' wi' the richt.
Their genius, guided by the helm o' sense,
Leads them by slow degrees to eminence;
Patient in toil, they view their distant goal,
But keep ambition weel aneath control,
Knowin' each moral step will bring them nearer,
While manhood's honour maks Fame's pathway clearer.
So thus, by virtue's right, 'tis theirs alone
To sit encrowned upon the poet-throne,
Receivin' homage an' due admiration
Frae an admirin' an' exulting nation.
I've met wi' such, for whan I left my hame
I socht in Lunnon for a poet's fame.
Frae blazin' Byron, wham I aince did meet,
scholastic, stately Swinburne sweet,

I've met wi' maist the chiefest poet men,

Whase mem'ries live as princes o' the pen.

Ay! what a lang array I've kent, I've kent,

The pioneers o' this oor age o' print!

A gifted, coruscatin', starry host,

Whase glories shine an' are oor honest boast!

Men wha, to me, whan Hope gae its last gasp,

Dispelled life-darkness wi' their freen'ly grasp,

An' fanned the low, expirin', wafflin' flame

O' days to come, but which, alas, ne'er came.

My frater-freen', my man o' real good,

My sole Samaritan, was Tammy Hood,

Wha tore the English language up for fun,

Till ev'ry tatter showed a brilliant pun.

Sae lang as sarks are worn for warmth o' blood,

Sae lang will live the memory o' Hood.

The maist are noo awa—I'm here, alone!

A solitary songster, an' unknown!

Ay, through each phase o' poet-life hae I

Warsled for mony years fu' wearily;

But Truth, surroundit wi' contrition's hedge,
Bids me confess 'twas aft in lowest stage.
Ay, ay ! 'tis best that I my past should hide,
Or else the retrospect I couldna bide.
Ae wish alane doth animate my breast,—
'Tis, oh for hame again! an' oh for rest!
Although I hae nae freens I'll surely find
Some couthie hearts that to me will be kind.
I want but little, an' my numbered oors
The less will need, to tax a giver's powers.
Back to the lan' that aft has been my sang,
Back to the Tweed a stranger noo I gang,
Back to the village, whaur fu' soundly lies
My visitant frae realms o' mysteries;
Back, back again! oh, let me back! an' I
Will surely find a haven wherein to die !"
Quo I, " Hoots toots, Barjon ! gi'e owre your waefu'
    strain;
Ye promised me ye ne'er wad do't again.
We're pleased indeed to hear your tale, but noo

Lift that bit darklin' cloud frae aff your broo,
Gin ye'll no heed.   Fegs, Jean will sune begin,
An', certes, she will drive conviction in!
Gi'e owre your havers—cheer up!   Come, gi'e's a sang;
The oor is near whan we to bed maun gang."

A smile stole owre his face, an' he
Cuist owre my airt his sparklin' ee;
An' wi' a cheery voice he said,
" I'll sing ' The Bonnet, Kilt, an' Plaid'.
Although I am a Southern Scot,
By Hielan' fouk I was begot."

SONG.

The Bonnet, Kilt, and Plaid.
"My heart warms to the Tartan!"

" The Land o' Song! the Land o' Song! is ever in my
    dreams,
Her mountains broon, an' valleys lone, her forests an'
    her streams

In silent grandeur rise before my soul's unfettered
   eyes,
As if a scene o' beauty lay enwrapt wi' angry skies.
The gloom o' loneliness is there, the rugged, bleak, an'
   bold,
An' stretchin' heaths o' solitude, mist corselets gray
   enfold;
Still, in those wilds a hardy race is nursed to Freedom's
   tread,
An' proudly bear their emblem in the bonnet, kilt, an'
   plaid.
   The bonnet, kilt, an' plaid; the bonnet, kilt, an' plaid
   Can only deck wi' dignity the brave;
   'Tis Freedom's mountain garb, an' never has been laid
   Upon the coward bosom o' the slave.

'The Land o' Song! the Land o' Song! wi' glorious pride
   we own,
She bears creation's charter still to other lands un-
   known;

Unfitted for the tyrant's home, no alien foe could
    rear
A throne amid her fastnesses, or breath her atmosphere,;
The halo o' her history, the mem'ries o' her sires,
Float on thro' ev'ry age renowned, as deathless beacon-
    fires,
An' gie the glow which nourishes her sons, wha stand
    arrayed
In the ancient garb o' Paradise, the bonnet, kilt, and
    plaid!
    The bonnet, kilt, an' plaid; the bonnet, kilt, an' plaid,
    &c.

" The Land o' Song! the Land o' Song! though other
    nations fall,
Defies the changin' han' o' Time, or Fate's oblivious
    pall;
'Tis hers to reign in majesty that never can be paled,
'Tis hers to baffle ev'ry shock whan Freedom is
    assailed.

Her storm-defyin' mountains, an' her rocks lashed by
   the sea,

Her soundin' glens, an' peacefu' vales are inspiration's
   key,

That maks the rapt'rous soul exult o' native youth an'
   maid,

Wha glory in the land that owns the bonnet, kilt, and
   plaid.

    The bonnet, kilt, an' plaid; the bonnet, kilt, an' plaid,
    &c.

Quo Jean, " Barjon, that sang reca's my youthfu' days,
Whan, tartan-clad, amang the heath'ry braes
O' sea-girt Isla, I wi' sportin' glee
Roamed like a fawnie owre ilk lonely lea.
Fast to my mem'ry cling thae scenes sae grand—
The beetlin' rocks, the beauteous silver strand,
Whaur ceaseless rolled the wavelets o' the sea,
Pourin' their melancholy melody.
An' Texa's islet wi' the ruined kirk,

Whaur stalkin' ghosts kept sentry in the mirk,

An' dismal cries o' hoolets owre the waves,

Rung as their moanin's owre the warriors' graves.

An' distant Jura's lofty paps sae bricht,

Drest in their snowy faulds o' glintin' white,

That aft defied the simmer's sun to probe,

An' clung like ermine on a royal robe.

An' eastward, stretchin' far, the mountains blue

O' wild Cantire, embattled, loomed to view.

In nature's angry moods, clefts, gorges, crags,

Were made the hame o' Campbells an' lean stags.

The bonnie Western Islands seemed to be

Wee specks o' beauty on a crystal sea,

That erst did nurse the warrior men wha broke

Scandinia's power an' the Roman yoke.

But noo, like nests forsaken, ruined, cold,

They lie wan emblems o' the tyrant's hold,

An' cradle noo nae mair the men wha aye,

Whan chieftain-led, by valour gain the day.

Aft, aft in youth, whaur mould'rin' heroes slept,

I've listened to their deeds, an' o'er them wept,

An' felt the risin' flood o' anger come

Against the wreckers o' my Hielan' home,

An' 'gainst the foul, rapacious, murd'rous bent

Which made a wilderness o' what for man was meant;

The sterlin' men wha wad, in Britain's darkest hour,

Hae proved hope's mighty fortress an' victorious

    power !

But, like a' earthly things that rise an' fa',

They had their day, an' noo are swept awa'.

Ah! but your sang reca's thae youthfu' days,

An' maist I feel the scent o' Hielan' braes.

I'm pleased, Barjon; I'm sure we'll baith agree,

We're Hielan' fouk, sae clannish-like maun be."

Astonished at my Jean's heroic blaw,

I sat dumfoonert 'tween the Hielan' twa,

Expectin' sune the native Gaelic noo

To start wi " Haich," or " Cum arashin du."

Barjon was michty pleased, an' Jean looked prood

To see him comin' to a gentler mood.

Nocht said he, but wi' gaze upon the floor

He seemed to be reca'in' Hielan' lore;

He'd gently smile, then owre his face wad come

An angry look, as black's a smiddy lum.

Rubbin' his broo awee (his usual mode

O' settin' a' his thochts the singing road),

He gae a sigh which shook his silv'ry hair,

An' wi' a voice, in tones o' half despair,

Quo he, "Dark Pearl of Isla! Madam, you are right.

The land of heroes looms before my sight

In grandeur stern, as oft in years gone by

It would in midnight dreamings 'fore me lie.

In dreams of years I've seen grim mountains rise,

Dark, rocky sentinels in gloomy skies,

Around a silent lake, upon whose breast

Their changeless giant shadows lay at rest.

In Desolation's tenebrific pall

The scene of loneliness was garbed, and all

Above, below, around was sternly still,

M

Save the strange moan from some far distant rill,

Which, trickling down the precipices, sung

A threnody, from barren Nature wrung,

And fell in tears upon the lake below,

Telling its tale of everlasting woe.

Dream-robed upon a precipice I've stood,

When night-clouds wrapt the dreary solitude;

When Heaven's wee eyes were shut; when all was

dark,

And the young Moon was but a ghostly mark;

And when the long, low sighs of darkness crept

O'er ev'ry rock, and, whispering sadly, swept

Down, down unto the unseen inky deep,

Which shrouded lay in its eternal sleep,

And answered not, e'en by a ripplet wave,

To kiss the cold rocks of its mountain grave.

Darker and larger still the mountains loomed,

Spectres most weird, cloud-helmeted they gloomed,

With dusky shadows that commingled fell,

As black as lours the portico of Hell.

No sound disturbed the stillness terrible;
No light illumed the darkness horrible;
And I gazed on, when, hark! a cloud-voice spoke
Which shook the mountains, and their slumbers broke.
Again, again it burst, and rolling on
Swept the lake chasm, which echoed back the tone
In deeper accents, that resounding far
Shook the cloud-veils, which waged the midnight war,
From whose black bosoms shot red streams of fire,
Tipping each mountain crest, then, downward dire
Flying with speed of thought, rock-striking, swift,
Illuming all the dark abysmal cleft
Till shone the murky waters, o'er whose face
The vivid streams of flame darted apace,
Piercing the precipice that cracking, rent,
And to the lake its shivered fragments sent.
Loud the lone eagle in her rocky nest
Affrighted screamed, and to her quiv'ring breast
Close drew her shrill-voiced eaglets, whose strained eyes
From 'neath her wings peered forth in wild surprise,

Viewing their future skyward, trackless path,

In all the gorgeous glory of its wrath.

'Twas grand! sublimely grand! and wrapt in charms.

I ofttimes viewed in dreams our Highland storms,

And heard heav'n's pealing pipe, vast-rolling deep,

Reverberate o'er ev'ry mountain steep

In awful majesty of space-borne notes

Terrific blown from giant herald throats,

Firing no more, with mountain-music wild,

The bosoms of a patriot race exiled,

Whose homes are far across th' Atlantic waves,

Where sweetly blooms no heather o'er their graves.

Oft in my happy hours of years of song

My tearful muse would pour, with trembling tongue,

The plaided warrior's dirge, the charge of death,

The tempest's rush, the torrent-levelled heath,

And heroes' deeds; such, such will ever be

High themes for poets to eternity.

Land of my dreams! oft have I sung of thee!

Land of the rugged rock! Land of the free!

Land of the gloomy hill! Land of the brake!

Land of the torrent hoarse! Land of the lake!

If but these shaking limbs tread thee again

Joy will eclipse a long lifetime of pain!

Quo I, " Noo, noo, Barjon, come! calm your nerves,

The Hielan' theme fu' keenly serves

To fan the love-flames o' your soul,

Until they scouther a' control;

Determination fires your ee,

To bauldly fecht, or nobly dee

A patriot's death, but ye should ken

The days are gane for fechtin' men.

There's no a lan' aneath the sun

Has dearer claims on ilka one

Than Scotlan's Hielans, for their past,

Deep, hero-based, will time ootlast.

Fond, in their loneliness we trace

The remnants o' a storied race;

Ilk mount or cairn, or glen or vale,

Is fraught wi' some heroic tale,

That sets the honest Scotsman's bluid
Careerin' thro' his veins like wud,
Till, wi' a falt'rin' voice an' tongue,
The frenzied sang is frae him wrung:—
Sae, truly in the men o' tartans
The Scottish pale the Grecian Spartans.
Like them, o' men an' culture reft,
We hae, thank God! their hist'ry left.
'Tis Scotsmanlike to roose the Celts,
An' sing o' clansmen garbed in kilts,
An' pour the sorrow-breathin' song,
Fired wi' the sense o' Hielan's wrong;
But yet, ye shouldna let the feelin'
The Muse's honor, loved, be stealin'.
Sing on! but sing devoid o' anger,
An' fegs the Muse will serve ye langer;
She likes at times a Gaelic croon,
Or some bit rantin', tartan tune,
But hates to see ye spen' her treasure
In daft, birse-up, fire-rinnin' measure.

Na, na, Barjon! be calm, an' quell
The real poet's burstin' swell;
It's ill to do, but I presume
The gushin' cask is soonest toom."

This sudden check to Barjon's Hielan' strains
Actit as act upon a steed the reins—
Ae lang appealin' look he cuist to Jean,
As if some kinship-comfort he wad glean,
But she, expectant, did fu' busy seem,
Wi' heid bent low atour the handy seam,
Sae quietly he turned an' stroked his beard,
Thinkin', nae doot, my interruption hard.
Then suddenly he rose, an' looked above;
Jean's needle fingers then did pow'rless prove,
An' hirslin' back her chair, wi' tim'rous ee
She cuist a feart, upbraidin' glance at me.
Watchin' him weel, as thus he stood, I saw
His lang white beard doon breast-ways slowly fa,
While, wi' emotion's pent up feelings high,

A dartin' tear adoon his cheek did fly,
Wi' hand outstretched, quo he, "Allan, beloved!
A friend indeed to me ye well have proved,
Bear with me, for within my brain exists
Fancies deemed strange, a world that never rests,
Whose phases varying, so quietly come,
That all the virtues of my sense succumb.
Thus, oft I may appear by Song destroyed,
And of quiescence' guardian armour void,
Still, I am strong, yet weak, for Song is right,
E'en tho' its medium seems a half-mad wight;
He is the slave that but performs the duty,
His words! his words! contain the judging beauty.
But now the night, slow nears its wonted verge,
'Twill sweeter glide if with a Highland dirge:"—

SONG.

WE RETURN NO MORE; OR, ROB ROY'S DEATH.

"*Ha til mi tulidh.*"

"Night drew its dark mantle o'er gloomy Balquhidder,
    Low rolled the mist clouds from the mountain's dim
      crest,
And wild wailed the wind o'er the dew-weeping heather,
    In tones of despair for the hero's unrest :—
The dank dew of death on Macgregor was falling,
    Black-robed were his eyes in his soul's fading fires,
The grey wraith of doom to its embers was calling,
    And weirdly trooped round him the shades of his
      sires.
        On to the heroes' home,
        Proudly they all have come,
    To bear with loved honour the soul of the brave,

'Our watch we are keeping,
　'Tis Macgregor's last sleeping,'
They whisper, and o'er him his guerdon they wave.

"'Who comes!' spoke Macgregor, 'that voice is a foe-
　　man's,
　My death-sharpened ear knows an enemy's tread.
Away, ye gray phantoms! ye death-telling omens!
　Bring, bring me my claymore, wrap round me my
　　plaid.
What! Rob Roy defenceless!　Ha! ha! it shall never
　Be said that a foe found me pow'rless to smite;
A thousand deaths' terrors may rend me for ever,
　Ere Rob Roy Macgregor shall fail in his might.
　　　　Strength to my arm returns,
　　　　Hate in my bosom burns,
Up! up! bounds my soul like a torrent in wrath;
　　　　Royston shall ring again,
　　　　There are my Highland men,
Thro' foemen a hundred we'll cleave a red path!'

"As falls the green pine 'neath the blast from the
    mountain;
  As wild rolls the arrow-pierced deer on the heath;
  As fast is the flow of a lightning-struck fountain,
    So fell the Macgregor fierce battling with death.
'Who doubts me,' he whispered, 'unconquered I'm
    dying,
  My bed is the heather I've trod in my pride;
My tartan unsullied around me is lying,
  My sword's in my hand, and a friend's by my side!
      Farewell! I near the verge,
      Play, play my Highland dirge!
'Twill wing my last breath to the soul-lighted
    shore.
      Hush! wail notes are pouring,
      See! heroes adoring
The strain slowly telling Macgregor's no more!'

"Afar on the tempest the last note was ringing,
  A pain-shivered blast from the trumpets of awe,

Nodding to Freedom's gale,

Unwithered by Winter's enslaving embrace,

They, in their dewy shrouds,

Battle all tempest-clouds,

Strong-nursed on the dust of a Time-storied race!"

Jean an' mysel' in consternation,

Spoke in a single exclamation,

"Barjon! Barjon! you're sang possest,

For ilka ane is better, best."

Ere he his dirge had fairly spun

The infant mornin' had begun,

The lang-struck 'oor we didna hear,

For Barjon's sang filled ilka ear,

But weel we kent the clock's twa hands

Had kissed, and rung oot sleep's commands.

O' time thus consciously apprized,

We sat awee sang-mesmerized,

Until the heart-effect had fallen,

Until the glamor lost its thrallin'.

Quo I, "Barjon, I kenna what to say,

That sang maist nicked my breath away;

It's far aboon my humble muse,

An' oot o' reach o' adverse views.

Man, but we're glad beyond expression

To hear the chief o' his profession

Pour aff sic bluid-warm sangs, whase ring

Tells Scotlan's muse is on the wing,

In nae grun'-skimmin', tim'rous mood,

But doonricht, heav'n-gate altitude,

Strong-winged, clear-eyed, pure as a dove,

She mounts in grace, a thing to love.

Barjon! 'tis hard whan bodies taste

The first course o' a glorious feast
To rise an' lea' their social heaven,
Whan some relentless mandate's given;
So noo we're sorry, but ye see
We're slaves to sleep, an' I maun be
Strong-armed for toilin' wi' a vengeance
'Mang thae breid-winnin' things ca'd engines.
Fain wad I spend a week, aye mair,
An' feent a moment seek to share,
Gin sleep an' work could be appeased,
An' frae them baith *carte-blanche* released.
Sae, to mysel' I maun be just,
An' ne'er to owre-raxed Natur' trust;
Her laws are based on what is best,
An' chief o' a', is timely rest;
Tho' oor best freens stan' song-arrayed,
She maun, 'boon a', be first obeyed.
I'm sorry that the time is up,
Whan oor nicht's pleasure we maun stop,
But ye will rest anither day

Ere Borderways ye tak your way.

The wind still blaws its eerie breath,

An' snaws lie deep on ilka heath,

Sae be content and bide, for sure

Ye canna weel the cauld endure.

Jean has for you a couthie feeling,

Sin' ye hae tell't her ye are Hielan',

An' certes! she will do her best

To mak ye hamely feel an' blest."

Quo Barjon, " You're kind, you're kind; but I must go

Where winter-swollen Tweed doth flow.

To-morrow comes, and I must be

Far on my way her grave to see.

I feel as if some iron hand

Were dragging me on to the land

With red-hot grip, heart-burning, strange—

'Tis Hope's last impulse ere the change

Sends me unto her who awaits

Her lover at the golden gates—

As the sole man, 'scaped from a wreck

Floats on the ocean but a speck,
And clings unto the shattered spar,
Scanning the lone horizon far
From day to day with frenzied eyes,
Until some friendly sail he spies;
With feeble voice of kindling joy
He marks that they his form espy,
The boat is lowered, and onward driv'n,
Saved, on their deck he finds a heav'n.
Thus I long ocean-tost have been
Upon this wild terrestrial scene.
But comes relief!   Slow, slow it nears,
The grim but friendly craft appears,
Whose grasp will bring me joy and bliss,
And an eternal happiness;
Then shall my soul, life-waveward driv'n,
Thro' death's dark gates exult in Heav'n.
You're kind indeed; and ne'er did I
Expect such hospitality.
I wish, I wish, that in return

Thro' life ye'll ne'er have cause to mourn,

And that your bairnies, strong on earth,

Will far outshine parental worth;

At once your pride, and glory's source,

Of joy's untainted stream the course.

And may their hearts and hands be spared to 'suage

The frailties of a far-off hoary age;

 May ye be long united to each other,

. And may your Pisgah's mount be climbed together.

Standing in love's strong bonds, with hand in hand,

O may ye view your happy promised land,

And gently slumb'ring there, fling off this life

To wake in joyous Heaven, the husband, wife.

Good-night! may earthly blessings crown your head.

Now, by your leave, I will retire to bed.

To-morrow comes! to-morrow comes, and I

Shall near the spot whereon I choose to die!

Good-night! good-night!"

Sair fell Jean's tears when he had endit,

N

Barjon, to sympathy's keen sway,
Noo quivered a' frae tap to tae,
An', as he looked sae lang an' seer-like,
I felt mysel a kin' o' queer-like;
But what was risin' in my soul
I deftly han'-cuffed wi' control.
Wi' heid bowed down, an' stately mien,
Thus, thus he pairtit frae my Jean.
I op'd the door, an' stair-ways led
The poet-soul unto his bed.

Quo I, " Noo, Barjon, may ye soundly sleep;
May angels sentry-watchin's keep;

May deils an' dreams this nicht be curbed;

May strength'nin' rest be undisturbed,

Sae that, when I get up the morn,

I'll find new views your mind adorn.

Guid-nicht, Barjon; mind hap yoursel',

For o'd the mornin's breath is snell."

Quo he, " Good-night; I'll sleep the sleep that knows

Its bleak awakening to recurrent woes.

I feel most strange, I think that she is near,

And that to me again she will appear.

Your wife's pale face, tear-studded, seemed to be

The mirror of my darling's memory.

But I to bed will go; Good-night! good-night!

To-morrow comes, and nearer I to Light"!

UP betimes that morning, in a half-dressed condition, I stole gently
to the door of Barjon's bedroom, anxious to know if he was yet
astir. I heard no sounds of breathing or any of the indications of the
previous morning. Dreading that our mutual fears were realized, I
refrained from communicating my suspicions to Jean. To return to
her without being convinced of Barjon's welfare would have been

alike conclusive of some untoward event. Summoning up my courage,
I gently opened the door and peered in. An unwonted stillness per-
vaded the chamber, and, to intensify my horror, I observed what to me
appeared Barjon's naked body lying on the coverlet, shiney and
luminous. I have faced death in deadly climates—by shipwreck, and
once by a steam explosion—but I confess, that when I gazed on that
form lying before me, my hair squirmed at the roots like a nest of
pismires, imparting a peculiar creepy sensation to the cuticle of my
head; my heart hammered audibly against my ribs; my tongue
contracted like a touched hedgehog, and felt even prickly; my eyes
seemed to dilate with a sudden motion that produced a sharp
shooting internal pain, and in every inch of my six feet I shook, or
rather rocked, with fear. With one mighty effort I thought of my
wife, and what she would be were I now to rush out with
the terrible news; so, steadying myself as well as I could, and
in the half-stooping position of fear, I slowly stretched forth
my right hand to feel him, whispering at the same time,
"Barjon! Barjon! are ye sleepin'? are ye sleepin'?" Slowly
my hand neared the greenish-hued form, and every moment I ex-
pected it to meet the cold, sticky, feel of death. Slowly! slowly!
a little further; there was nothing in the way; no body, no Barjon!
This was indeed strange, when suddenly I detected the cause of my
fright—in the vague rays of light from the lamp at the other side of
the street, which, coming through one corner of the window-blind,
were projected upon the bed, sundry hollows or folds on which,
being in shade, gave the whole the semblance of a being lying upon
it. How I then upbraided myself for arrant cowardice, but I was
consoled with the fact that "nobody knew," and I "would not
tell." I now called on Barjon in a louder tone, but got no response.
Returning to our own bedroom, I informed Jean "that I feared he
was off." Lighting a taper, I then entered, and found that he was
non est, he had gone. But how did he get out? I rushed down stairs,
looked into the various rooms, but all was still; then to the
lobby door, and sure enough he had left by it, for it was only locked
on the latch. Returning to the room again, I examined it more

minutely and saw that the bed had not even been lain on—everything was undisturbed, so thus he left us. I was beginning to ponder over his strangeness of character when my eyes detected a bit of paper lying on the coverlet of the bed. Hastily snatching it up, I extinguished the taper, and retiring to my own room I informed Jean of the fact of his absence, and of the paper being left. I soon saw that it was written all over, in a hurried or shaky manner however. It ran as follows, and explains all :—

" DEAR FRIENDS,

" Alike ungenerous and ingrate is my departure; do not upbraid me; when you know I felt a maddening hell of foreboding within me, that my visitant from the realms of mystery (the sphere of doubt and dread to all) was again to appear, you will forgive me. I am weak, very weak, and I long for rest; still I dreaded to gaze upon the haunting ghostly realism, fearing finality to myself. I know you will forgive me. Should you in times to come e'er find your way to the village of——near G——, do ask for the solitary wandering being whose days were spent in the old churchyard there, perchance some of the villagers will point out to you his last resting-place; if so, for the sake of Scottish Song, you will drop a tear over the grave of a poor warbler. I am shaking dreadfully, like a gloomy cloud tempest-torn, but I have been enabled to pencil this note, and the following (my final) ode to your good-wife :—

COULD I EXPRESS.

" Could I express the joy my heart contains,
   'Twould fail, 'twould fail;
Could I sing gratitude in gowden strains,
   'Twould fail, 'twould fail.

Na! na! as a traveller trudgin' in gloom,
Whaur nae kindly rays his lane pathway illume,
Espies thro' the murky cloods, distant an' far,
The hope-givin' glint o' a wee shinin' star,
    He breathes a prayer
    That gilds despair,
An' risin' in micht to the slant o' its licht,
He feels his black shroudin's are mellowed an' bricht

"The silent pray'rs o' Gratitude find rest
    In Heav'n, in Heav'n;
Mine unto thee, pure as a young dove's breast,
    Are giv'n, are giv'n.
Yes! yes, as the star-ray illumines a tomb,
Thy kindness with light tipt the dark skirts o' gloom
An' Heaven swift hast'nin' to honour thy claim
Will give its response in the worth o' thy name.
    Lang may it then
    On Earth 'mang men
Be anchored on hearts in ilk palace an' hallan—
Aye cherished, aye nourished, as Scot-lovin' Allan.

"Pray read it to her. I bless you both. Farewell! and f
the writer,

    "A SON OF SONG AND SORROW,

        "BARJON."

THE END OF BARJON.

MODERN MUSIC HALLS.

IN FOUR SCENES.

INVOCATION.

Immoral Liberty is Slavery.

GODDESS o' Sang! wha haunts some Grecian
nook,
Wad ye upon a hamespun Scotsman look,
An' wi' your licht'nin' fingers strike his lyre
Until it gleg glints aff Homeric fire,
As ye hae dune to sundry chiels lang syne,
Wha didna boo nae lower at your shrine
Than what I do, for o'd, to gain your smile,
I'd brush your boots, or rin an Irish mile?

Tho' garbed in hamespun claith—coat, vest, an' breeks—

My heart's as leal as ony o' your Greeks!

You're surely no defunct, altho' the land

That aince beheld your revelries sae grand

Is but the hame o' thieves, brigands, an' slaves,

An' cowardly cut-throats lurkin' in lone caves

Or 'mang the ruins whaur, in days lang syne,

Ye fired the hearts that poured the gracefu' line;

Whase dust is desecrated by the tread

O' loosie beggars clamorin' for bread.

Say, haunt ye still thae scenes to grane an' mourn

In widow's weeds for them wha'll ne'er return;

An' sorrowin', o' love an' comfort reft,

Do ye their faces see in what is left?

Syne sairly greet, for loved, departed days,

Whan loud their lyres pealed forth immortal lays.

Weel! are ye there? gin sae you're unco wrang

To cling unto a land devoid o' sang;

A nation that has neither heid nor tail,

An' only lives aff Europe's pauper kail;

Whaur ev'ry chiel's a hauf-bred Jew or Turk,

Rank rogues at heart, an' hate the sicht o' work.

Fegs, but your daft—gie owre your hoary grief,

'Tis time that ye were turnin' owre a leaf,

An' flingin' aff the mournfu' duds o' Time,

Cauld, dark, an' unillumed wi' licht o' rhyme,

Syne flittin' frae a howff o' rags an' banes,

An' greatness skeletoned in crumblin' stanes,

To some bit land, where men are men indeed,

Wi' Liberty engraved on ilka heid,

An' aspirations noble, true, an' guid,

That sure will lead to ae gran' britherhood.

Say, will ye flit? an' bide wi' me awee,

An' view the lan' o' mountain, rock, an' lea,

That a' in Northern beauty pales your South,

An' fills wi' patriotism ilk maid or youth.

Nae velvet prospects there, nae cloudless skies,

But a' in rugged grandeur sternly lies

In Nature's battlements, meet heroes' climes,

That gie a kindred colour to its rhymes.

Noo, gin ye'll come I'll mak' it worth your while,

For cheek by jowl we will the oors beguile.

Pack up your duds, I'll be your servin'-man,

By nicht an' day I'll ser' ye fit an' han',

An' a' I'll ask is that my paintin' pen

Will guidit be wi' your auld-fashioned ken.'

Ye winna come! ah, weel, I've done my best

To woo ye frae ye're musty, harried nest,

An' tak' ye to the lan' that lang has shown

Itsel' to be maist worthy o' your throne;

Excellin' far your auncient primal hame,

In hearts o' sang exultin' in its name.

Ye winna come! weel, weel—guid-nicht, guid-nicht,

I ken a lassie wha will gie me licht.

Thanks be to guidness that this land still bears

A rantin' hizzie fond o' rhymin' wares,

Lavin' her feetie in wee Scotian rills,

Or like a fawnie speedin' owre her hills,

Or perched fu' high 'mid rocks an' mountain charms,

She rapt'rous sings while rush her native storms,

Or owre the graves o' lovers ever dear,
Pourin' the lang, lang sigh, or sad, sad tear.
I ken she's nae lang-robed, angelic goddess,
But just a lassock wi' a tartan bodice,
An' marled skirt, scarce reachin' to her knee,
Hidin' a figure that can raptures gie;
While frae her dainty heid, in masses rare,
Hangs down her silky, autumn-yellow hair,
Wi' heather sprigs entwined an' bells o' blue,
Formin' a garland roun' her archin' broo,
That lies in beauty like a summer scene,
An' aft reflects the flashin's o' her een,
Whase droopin' lashes seem to guide the rays
That, ootward dartin', seek their heart-ward ways,
Twa glintin', lauchin' een, twa bits o' heaven,
Are to this rompin', lichtsome creature given,
To fire the hearts o' chiels wha fairly woo
Her bonnie sel' in native lilties true.
In keepin' weel, her cherub lips are such
That blest is he whase broo they ever touch;

· A Cupid's bow, love-curved, whaur smiles are darts,

That fleein' pierce an' conquer lover's hearts.

Her tintit bosie bare, hauf seen, appears,

Like blobs o' marble, or twa iv'ry spheres

Sun-lichtit, pure, unpressed wi' grasp o' sin,

Reflectin' weel her innocence within.

Atween the twa some flow'ret gems repose—

The daisy, heather-bell, an' sweet moss-rose—

Emblems aft sung o' by the adorin' thrang

Wha woo this Goddess o' the rural Sang.

A real warm-heartit, couthie-lovin' thing,

As ever coaxed a mortal on to sing:

I'll aff to her! I'll ca' upon her name!

She'll mould the wishes o' a heart aflame ;

Wi' bannet aff, an' on my bendit knee,

This rustic beauty sune will list to me.

She has nae distant, cauld, time-trammelled airs,

Plain common sense she aye supremely bears,

Wi' cheerie young-bluid liveliness that throws

A dash o' fervour into verse or prose.

Awa then! Widowed Wanderer o' Greece!

I'll lea' ye to your tears an' tattered peace;

Ye wadna list to me, nor yet my rhyme,

Sae I invoke the lassie o' oor clime.

Hail! Scotia's Queen o' Song! Goddess supreme

O' native mountain, rock, glen, rill, an' stream!

Upon whose face for ever beams a smile

That captivates my heart wi' witchin' wile,

To thee again I ca', and fain wad ask

Ae moment 'neath thy ee glints a' to bask,

Sae that my fireside lyre attuned may be

To pour amain oor native minstrelsy.

What shall it be?   Say! what shall be my song?

Loves, joys, an' sorrows a' to thee belong.

Darling o' heath! Come! come! my trust, my faith,

Bend low an' whisper wi' thy hinny breath.

The theme that thou would'st hae my ready mind

Depict in kindred colours, hame-designed, ·

Shall it be songs?   Shall it be warlike odes?

Shall it be poems on the modern modes

Mankind adopt to sink the common good,

An' render hopeless dreams o' brotherhood?

Say noo, my Sweet! I feel thy reesin' fire

Birlin' alang the strings o' my bit lyre,

An' I await thy pleasure or desire.

Hush! yes! 'tis she; "On, on to saut satire!"

Satire be mine, for such is her command.

Come cuttin' whip, come to my nerved richt hand,

An' let me slash wi' zest, for human nature

· Likes weel to bare the fauts o' ilka creature.

I'll tak' the Pope, or Vatican Decrees,

An' bring the driv'lin' dotard to his knees,

Showin' hoo Christian jugglers are the worst

Wi' which this Earth (that could be richt) is curst;

An' hoo his braidcast subtle-coloured seeds

Develop sune into a nation's weeds.

Oh, I will crack the shell of this huge sham,

This mockery, weel dunged wi' Roman cram.

A noble theme! but saft! the Goddess calls!

" *Lash thou in Satire, modern Music Halls!*"

O, nobler still! 'tis strange I them forgot,

They stan' a nation's curse, an' vile plague spot.

Come, then, spear pen! on, on my teemin' brain!

I'm doubly armed whan ent'rin' on this strain.

Let Truth prevail! Let my tough sword be keen!

Let me disclose what I have sometimes seen!

Come pealin' blows, ring oot as warnin' bells,

I'll show the shoals o' sin in Music Hells!

SCENE FIRST.

The Audience.

The wintry gloamin' crept into the nicht,

Cauld to the body, blae unto the sicht,

The thick'nin' rime hung like a cloody bank,

Gray, catchin' ilka breath wi' grip fu' dank.

The lichtit lamps were like a drunkard's ee,

Whan licht o' saul is paled wi' barley bree;

The nicht was sic that fouk wi' weakened breath
To venture oot wad jist be feedin' death;
Yet I, fu' strong in limb, an' hale in win',
(Tho' Jean confessed 'twad be a doonricht sin)
Resolved to hae a stroll.   Sae to the toon
Wi' hurried steps I was fu' quickly boun',
Whaur rolls the thrang, a' ferlies new to spy,
Paradin' up and doon the street ca'd " High."
Sae, wi' my trusty wand o' pawkie zeal,
An' hooks o' observation baited weel,
I gaed a-fishin' in the stream o' men,
Belyve to hook some for my pryin' pen.
Thus watchfu' saun'trin' in a careless mood
Amang the main street pavement-trudgin' crood
O' bodies, toil-relieved, wha passed their time
Oblivious to their health, or hoastin' rime,
In daunerin' up an' down upon the stanes,
Awa frae joyless wives an' loveless weans,
I noticed that the stream wi' hummin' flow
Set strongly to the quarter reckoned " Low;"

An' as the contrar current was gey weak,

My curiosity the cause did seek,

To hae a catch this nicht my mind was bound,

An' whaur the currents end fish maist are found,

Sae, wi' the lave I slipt alang an' came

To whaur twa lamps shot oot a far-flung flame.

Across the street, an' up a darksome lane,

Which young an' auld, lad, lass, an' raggit wean,

Entered wi' eager footsteps, till I saw

Them disappear, as if some monstrous maw

Had swallowed them, for sure the human trail

Vanished like heroes in a modern tale.

I was a wee dumfoonert at the scene,

An' wunnert what on earth it a' could mean,

Whan lookin' roun' I saw upon the wall,

In paintit characters, "The Music Hall;"

While on ilk side large bills o' music fare

Were battered up wi' maist attractive care.

I owre, an' took a sklent o' this bill treat,

Euphonious titles then my ee did meet—

O

Artistes were Wonderful or Eminent,

Darin', Incomparable, Transcendent,

Popular, World-renowned, or Champions,

Acknowledged Stars, Princes o' Nigger-Bones,

Etsettery, until wi' heart elate

I, like the lave, snapped at this temptin' bait.

Then to the door, thro' which the motley crood

Were hast'nin' fast, I gaed, an' in it stood,

An' gazed up ae lang whitewashed, lichtit entry,

Whaur at the far end sat the ticket sentry

Within a box, thro' whase wee winnock slide

The tickets poured as in the cash did glide.

A' hurriedly were drivin' onwards in;

An' thinkin' that the treat was to begin,

I forrit stapt, wi' threepence in my loof,

Which paid a lofty seat gey near the roof.

Up! up! a narrow stair I made my way,

Just as a band began their notes to play,

Whan at the tap a chiel my ticket took,

Syne for a seat I then began to look.

But what a crood o' faces met my gaze—

Wee raggit lassies, lads in workin' claes.

To scan the curve-set crood, I thocht I'd venture

A wee bit nearer to the common centre,

Sae, owre I gaed, when some youths cursed and swore

Because their line o' gaze I stood afore.

Then wi' a curbin' effort doon I crouched,

An' a' their harmless aiths I quietly pouched.

I noo had time to fish, an' sae began

To throw my line o' close observin' scan

Amang this noisome, yellin', cursin' thrang,

Awaitin' keen their Threepence worth o' sang.

Here lads an lassies young aroun' me sat,

While fast flew aiths an' floods o' filthy chat.

Some ten year aulds sat in the front seat places,

Supreme in towsie heids an' unwashed faces;

An' owre the rail a few wi' fetid breath

Were foully spittin' on the fouk beneath,

Roarin' wi' impish glee whane'er they saw

A bodie ent'rin' dressed a wee bit braw,

"Hey! hoo! chums, twig, a reg'lar fizzin' swell!"
(Capped wi' some aiths) arose wi' deaf'nin' yell.
While some, mair philosophic, sat an' smoked,
Or wi' their wilder neebors swore or joked;
Indiff'rent to their unpatched, skin-seen claes,
Atour the rail they cocked their dosened taes,
For o'd the feck o' them did life endure,
Barefittit, raggit, an' unsichtly puir.
The circlin' gall'ry seats were fairly fu'
O' youngsters steeped in sin o' ev'ry hue,
An' scarce a manhood's face was in the thrang,
Save twa-three hauf-drunk navvies them amang,
Wha by example, baith in word an' deed,
Seemed ready sowers o' pollution's seed,
While clingin' to them were twa bloatit women,
Wi' every taint o' fallen virtue teemin',
Wi' hair dishevelled, an' wi' drink-rimmed een
Dartin' frae which were gleams o' hideous green;
Dry, birsled lips, deep purplish in their hues,
Frae whase cracked corners drink's foul froth did ooze.

Tawdry in claes, that hingin' loose did gie

A hatefu' prospect to a modest ee;

Foul in their speech, which rolled amain wi' curses,

They doatit on the navvies for their purses,

An' wi' their deil-ruled, hell-paved sewer mouths,

They flung examples 'mang the lauchin' youths.

Wee hauflin' lassies tae were here in batches,

An' for the lads they seemed far mair than matches;

Bare-headed, brazen-faced, haggard, hauf-clad,

Possessin' a' the elements o' bad;

Foul-mouthed withal, unblushin' in their sin,

An' gran' supporters o' the devilish din;

Leerin' to ilka laddie, or him eggin',

Or sleely for a copper coaxin', beggin',

Or swearin' wildly gin a lad should tak

Them roun' the neck to gie their lips a smack;

Or hoastin' sairly, which fu' sure foretold

O' some bit coffin sune aneath the mould,

Which tells the tale, that sin an' vice but pave

The unmourned way unto an early grave.

Oh! here was devilry an' death's hot-bed,

Young hearts, since innocent, to virtues dead.

Hoo mony tears hae parents shed for those

Wha nichtly in a threepenny hell repose!

Hoo mony parents ne'er hae duties done,

An' nipt the wish ere act had since begun!

Oh 'twas a sicht, this segment-seated thrang

O' sin-stamped younglin's rushin' doon heidlang

To utter ruin, wi' their hearts decayed,

O' morals reft, wi' conscience a' unswayed.

On played the band! I saw the boxes fillin'

Wi' leddies (o' a kind), wha paid a shillin'

To be considered fashionable, and

O' some importance in their geegaws grand.

But "what a fallin' aff was there," for sure

Their poothered chafts wad for them aye ensure

A verdict 'gainst their wish to reckoned be

As leddies o' refined gentility.

High towered their cones or divots o' false hair,

Secured wi' preens o' Brummagem-made ware,

While ower their narrow broos their hair, cut short,
Hung oily down to fashion's latest sport.
Oot frae their cavities their glimmerin' een
Serpentine wandered owre the thrangin' scene,
Rakishly smirkin' slee to some young men,
Wha gae a sign that baith seemed weel to ken.
Their bonnie cheeks possessed the rose-bud tint,
Insultin' to the flow'rs, for 'twas but paint,
An' frae ilk lug dependit massive drops,
Gowdless, yea worthless as the brains o' fops.
An' owre their shouthers, negligee-ways flung,
A shawl o' flamin' red fu' careless hung;
Meet Hecate robes, embodiments fu' plain
O' hell within, its poison an' its pain.
'Twas winter, yet some were sae fu' o' pride
That wee bit fans were danglin' by their side,
As gin the biggin's warmth they couldna bear,
While Shame's hot stamp they bauldly weel did wear.
Fidgin' an' restless fain they did appear,
As sensitive unto the atmosphere,

Sae delicately made that e'en a draught
Wad hurt their frames, sae tender an' sae saft;
But a' their apeing o' genteel-like graces,
Vanished wi' ae look o' their untrue faces.
On ilka han' were gloves o' draig'lt white,
Backed wi' a bracelet spurious to the sight:
Thus, thus they sat, bauld in their brazen wiles,
An' glowred aroun', profuse wi' sickly smiles,
The guilty smile o' shivered virtue, void
O' captivatin' licht, pure, unalloyed.
The boxes maist were fu' o' sicklike creatures,
Hell's Missionaries, seared upon their features,
Sittin' in a' their bogus finery,
Makin' their threepenny sisters long to be
Like them in claes, like them in darker guilt,
Like them the curse on which perdition's built.
Slee, skulkin' doon beside thae lichts o' sin,
Some weel-dressed chiels, hauf blushin', ventured in,
Upon whase cheeks the conscience prickin' shade
Mountit, an' sense o' doin' wrang betrayed;

But, in the mesh, an' lackin' strength o' will,

The siren serpents wi' exultin' skill

Play wi' their hearts wi' cunnin' artifice,

Lurin' them to Destruction's precipice

Wi' a' the blindin' glamour o' their evil,

Whaur doon below, wi' mou' agape, the Deevil

Awaitin' lies, to bear in triumph aff

The sin-dried pilgrims wha are but as chaff.

Behold them noo! ere poisoned are their hearts,

Obedient, passive to the venomed darts

That deftly flee aroun' them, piercin' well,

And murd'rin' gaspin' Guid aneath their spell.

See! quickly flies frae aff their cheeks the blush

O' ling'rin' conscience, an' wi' spreadin' rush

The ghastly pallor o' defiance cold

Obliterates the monitor's last hold,

Until, contentit in their guilty shroud,

They wi' effront'ry face the gazin' crowd,

Heedless that they are vile examples settin',

An' younger rogues' desires fu' keenly whettin';

Heedless that better frae them is expectit,

An' that sic company ne'er maks them respectit;

Heedless to business principles, which are

Maist honest whan Self-Rectitude's their star;

Heedless to some fond mither's nichtly pray'r,

Breathed oot in tears commingled wi' despair;

Heedless o' God, whase love they thus insult,

Tramplin' on truths which ae day will exult;

Heedless o' that dread moment o' remorse

Whan th' avenger breathes th' eternal curse,

An' fiend guides wi' mockin' glee rejoice

To hear the wailin's o' their deein' voice

Ring thro' the gateway o' their dire Eternity—

In whase black gulf o' torments hopeless spirits lie.

Doon still my graspin' een fu' eager flit,

Till, viewing a' the thrang that filled the Pit,

The medium lot, consisting o' a' grades

O' chiels employed at multifarious trades.

Snod-like were some, tho' mony wore the claes

Strong in the trade stamp o' their fact'ry ways;

Here, some the aspect bore o' skilled mechanics;

There ithers, clerks, wi' chafts like thin-rowed bannocks;

Here, some apprentice lads, awa frae hame,

Were breakin' doon the wa' o' youthfu' shame;

There, tailor-lookin' chiels, lang, lean, an' sma',

Fine as the needles that they daily draw;

Here, waiter carpet-scrapers, frae hotels,

In cast-aff claes appear genteel-like swells;

There, some fond marriet men, wi' glaiket wives,

Oblivious sit to 'lane-left bairnies' lives,

Spendin' the siller that should gang to feed

Their famished frames, or them mair warmly clead.

Oh, Faithers! Mithers! little do ye dream

That tho' your evenin' pleasures pleasant seem,

Your puir bit bairnies growin' up will yet

Follow examples thus afore them set,

An' be in a' your ways gran' emulators,

Wi' taintit minds an' low debasin' natures.

Puir sin-blin' parents! whan will ye discern—

That as the parents peck the bairnies learn?

Amang this thrang, close cheek by jowl wi' lads,

Were mony lasses, slee young gabbin' jauds,

Drest in their tawdry Sunday finery,

An' prone to lauch alood wi' thochtless glee,

Or keepin' up a rinnin' stream o' chat,

Or on the dames wha in the boxes sat,

Castin' a look o' envy, plainly tellin'

That sma' restrainin' pow'r was in them dwellin',

An' that their flauntin' rags o' sin but fire

Their innate vanity, their gross desire,

That they wad like to be sae brawly drest,

Box-sittin', fashionable, and—the rest.

Thus, frae my threepenny perch I fished amang

The crood met in this famous Hall o' Sang,

Their sev'ral grades or depths o' sin portrayed

In the amount that each for seats had paid.

On played the band! (o' four wha catgut thrum,

A shrill cornopean, a flute, an' drum).

At times (which seemed to gie a hell o' joys)

The feet in hunders struck wi' clatt'rin' noise

Upon the floor, while shouts arose amain

An' filled the biggin' wi' a wild refrain,

As if fierce denizens wi' madd'nin' cries,

Within a thousand great menageries,

Did scent afar the carrion food they get,

Which serves desires insatiate to whet.

What fires their hearts? What gives such savage glee?

They human are! What shall they hear or see?

Why frae their hames or dens do they collect?

What is it that they eagerly expect?

A sea o' wolves o'er some expectant feast,

Whase trampin's louder rose an' yells increased.

Surely some great attraction lies ahint

That glarin' curtain smeared wi' please-ee paint.

To quell the noise! to satiate their greed!

It rollin' rose, an' now began the feed.

Scene Second.

The Graceful Danseuses.

The curtain rase! the stage appeared in view,

Backed wi' a floral scene o' roseate hue,

While ilka wing wi' paint-made trees was graced,

Wi' sundry fause-made vases roun' them placed,

To which were nailed some pasteboard painted flow'rs,

In imitation o' braw garden bow'rs,

Or sweetly secret Ashtarothian groves,

Whaur gracefu' nymphs enjoy ambrosial loves.

The guardit footlichts flung their tempered rays,

An' gae the haill a natural-like phase;

Sae, fegs it seemed a snug tho' sham retreat,

Whaur love-lorn swains micht haud a converse sweet.

But noo the timid fiddles gently pour

Some notes like lapsin' water on the shore,

An' a' the thrang were hushed, whan frae the wings

Sax spankin' hizzes louped like fairy things,

An' in a raw upon the stage they stood,

Bowin' gay laigh to a' the gloatin' crood,

Radiant wi' paint an' poother an' geegaws,

Smirkin' an' smilin' to the fierce applause,

An' drest in garments great in scantiness

Which showed their forms wi' unco vividness.

Their hair seemed fu' o' glintin' starry specks,

An rollin' fell atour their poothered necks.

Ilk wore a spangled, low-cut bodice, ticht,

Which bared their bulbous bosies to the sicht;

A glitt'rin' belt on each its faulds did grip

Until they fell an' scarcely hid each hip.

The feent anither nether clout they wore,

Sae, thus, Eve-clad, they stood upon the floor.

Their arms were bare, an' a' wi' poother shone,

Their limbs exposed had gauzy skin-tichts on,

While on their feet were boots o' bonnie red,

Thin-soled, ticht-grippin', just for loupin' made.

Unblushin' for awee thus stood each one,

The fiddles spake, an' noo began the fun.

The fiddlers' elbucks dartin' dirled,
The huzzies on their taes roun' whirled,
An' startit aff wi' airy grace,
Till each stood in a wing side place.
Then oot flew ane wi' springy bows,
An' cocked ae leg as high's her nose,
Syne wi' a circlin' motion slow,
An' bendin' forrit unco low,
She bore it roun' ahint her clean,
Until the boot's dull sole was seen.
Quick then she took a sudden loup,
Up flew the wee skirt frae her doup,
Feent haet she cared, but aff she set,
An' flung her limbs still higher yet.
Then cam anither, wha aff han'
Some motions similar began,
An' placed her legs in such a way
That truth my pen can ill convey.
Anither! syne anither flew,
An' sets an' figures deft gaed thro',

Ilk ane their pow'rs o' leg were taxin',

A' emulous o' widest raxin'.

Here, limbs owre shouthers swift were flung,

An' hizzies high on ae tae sprung.

Twa placed their feet gey close thegither,

Syne gripp't the near han' o' each ither,

An' ootward hung, then up did raise

Ae leg until they clasped its taes,

Then aff they set, an' spun an' spun,

An' a' applauded weel sic fun.

The ither sirens a' were busy,

Leg-flingin' roun' their neebor hizzie,

An' caperin' wi' mony a whirl,

Aroun' the spinnin' twa they'd twirl.

On! on! they flew, maist oot o' breath,

Till sweat was seen thro' skin-ticht claith,

Till paint on chafts lost a' its hue,

Till dust frae skins had vanished too,

Till hair aince shiney lost its specks,

An' flaccid hung on sallow necks.

P

Sae noo, they as themsel's appeared—

Vice-blotched, an' sensually seared.

The fiddlers' elbucks sudden drapt,

As sudden tae' the dancers stapt,

An' thro' the trees they took their ways,

Pechin', an' bowin' to the praise

That burst in torrents o' applause

Which shook the biggin's very wa's.

It pleased the crood to see the dance

O' hauf-nude women straught frae France (?).

Sic loathsome capers seemed to me

The poison o' morality;

For a' beholders, auld an' young,

Upon the exhibition hung

Wi' feastin' een o' fell desire,

Which tell't their passions were afire,

An' that the sicht o' polished vice,

Swayed them wi' cunnin' artifice,

Till broken was their gowden standard,

Till far frae guid resolve they wandered,

Till hawks, which sat in Box array,

Marked, swooped, and triumphed o'er their prey.

This was the first course o' the feed,

An' relished weel by a' indeed.

SCENE THIRD.

The Great Comique.

The dancin' hadna weel been dune

Whan a' the band began a tune,

An' lungs an' elbucks did exert

Their pith to mak it a dessert.

'Twas dune wi' pow'r, twas dune wi' speed,

An' swith the crood gae instant heed

Unto the measure, for their feet

Again began their noisome beat,

An' yells arose, lang, lood, an' sair,

Betok'nin' that they wantit fare.

Then frae ae wing a chiel cam oot,
Drest in a shiney, seedy suit,
Fair centre-lined, his clammy hair
Flat-ironed seemed to be wi' care.
His clean white collar (made o' paper)
Had peaks that lay to fashion's taper
Upon a kindred breast-plate oval,
Whaur ane wi' ease could write a novel;
His waistcoat was o' claith curtailed,
Its ootward neebor swallow-tailed;
His breekies lang, toom, wafflin', narrow,
Were like the trams o' some soot barrow;
His wrists displayed unlinened stuff
In twa linked sheets o' curvin' cuff;
His boots, o' pawtent leather kind,
Excelled the polish o' his mind.
This was the creatur' as he stood,
Wi' hat in han' afore the crood.
His features garnished wi' a smirk,
A vacant simpletonian quirk,

Bowin' to boxes an' to pit,

An' up to whaur the roosters sit.

Responsive to their roared applause,

He coughed, an' syne, wi' twa-three haws,

To elevate his fellow-man,

A hash o' words he then began,

Unmusical foul-meanin' drivel,

An' fu' o' inuendoes evil.

He'd clasp his han's, an' twist his mou',

An' be wi' childish coaxin' fu',

Syne roll his een up to the roof,

An' squeeze his hat as flat's my loof,

Then jumpin' back, wi' lowered voice,

He'd say, " 'Twas naughty, but 'twas nice."

The tune was dogg'rel, while the verse

Was e'en o' dogg'rel michty scarce—

Puir, vapid, sickly, wersh-like trash,

Redolent o' word water-brash,

Wi' nocht o' sentiment or moral,

Empty as is a crushed-in barrel.

'Twas pitifu' indeed to see
Hoo his dull drawl could raptures gie.
Yet, true it is, their tastes refined
Swallowed this poison o' the mind,
Which seemed to be a dainty mouthfu',
To tickle ilka fancy youthfu',
For a' wi' joyous, roarin' voice,
Chorused, " 'Twas naughty, but 'twas nice."
Sae, whan this pand'rer's wares were dune,
Their yellin' rase the band abune,
Which pleased his vanity amain,
For frae the wing he popped again,
Drest in some raggit worthless claes,
An' stagg'rin' in a sham-drunk craze.
His hair weel towsed aboot his heid
Atour his broo lay wildly spread,
His neb an' chafts weel paintit owre
Wi' red, betok'nin' whisky's pow'r;
Wi' hiccups forced, wi' studied leers,
Vile winks, puir grins, an' mawkish jeers,

He tried a satire on the bottle,

Singin' "We're turning all teetotal."

'Twas bad before,—'Twas far waur noo,

A singin' sharper shammin' fu',

His undrunk limbs, his waggin' tongue,

His sniv'llin' voice, the sang he sung,

His covert, dirty dabs at lust,

Wad e'en hae gi'en an ass disgust.

But, certes! a' the thrang seemed pleased,

An' plaudits wilder far increased,

As frae the stage he stoit'rin' gaed

Prood o' the "take" or impress made.

Oot on ye, wretch! ye truly ken

Your sangs become not decent men,

An' yet thro' laziness ye will

Your blastin' odours nightly sell,

An' in the ears o' young and auld

Ye hesitate not to unfauld

Your samples foul o' hell's dark brewin',

Which canker hearts an' lead to ruin.

Oh, Moral Wreckers! ye can boast

O' burnin' tears owre virtues lost,

O' broken hearts, o' withered lives,

O' younglins' fettered in your gyves,

O' parents' tears on lowly graves,

Whaur ilka blast that idly raves,

In hollow-soundin' tones proclaims

A curse upon your worthless names.

Is there a man endowed wi' sense

Wha wad at conscience-peace expense

His attributes o' manhood rob

To please a sensuous-seekin' mob,

By singin' sangs whase pointit creed

Are pastures vile on which they feed?

Or, is there ane, hooe'er sae puir,

Wha wadna try aye to secure

His neebor's love by actin' richt,

In word an' deed a guidin' licht,

To point the way that fouk should act,

An' keep their human worth intact?

Or, is there ane, wha love expecks,

Wad hang sin's millstane roun' young necks,

Syne gloat wi' hatefu' blastin' ee

On his inglorious victory;

Or chuckle o'er youth's shrivelled beauty,

Estranged frae sel'-respect an' duty?

Yes! there are men, or deevils, wha

Ceaselessly aim to drag or draw

Their brithers' doon as low's themsel's,

To Degradation's turbid swells.

Their efforts, masked wi' cunnin' wiles,

An' freen'ship glossed wi' murky smiles,

Attack young nature's weakest pairt,

An' rest na till they turn the heart

Awa' frae thoughts that serve to be

The guardian o' its purity;—

Of such are they wha pour amain

The Music Hall malarious strain.

Awa, then, lazy curs! an' learn

'Tis nobler far to toil an' earn

A humble pittance, truly great
Whan stamped wi' honest, wrocht-for sweat,
Than pass your time in devilry,
An' Music Hall foul revelry,
Dispensin' acts, an' words that be
Pois'nous to a' morality,
Blush-bringin' e'en unto a Turk,
Go! wreckers, go! seek honest work.

SCENE FOURTH.

The Female Trapezists.

The Great Comique! scarce vanished ere
The ban' struck up anither air;
The fiddles squeaked, the trumpet blew,
An' lood the drum-notes echoed thro'
The swelt'rin' hall, whase human noise,
Comminglin', drooned the music joys.

Yells, shouts, an' groans, an' aiths profound,

In thick'nin' show'rs did maist abound,

Till reeked the place wi' burnin' scum,—

An' earthly Pandemonium.

To feed again their appetites

For fleshly, sensuous delights,

To quell the a' increasin' din,

The Female Trapezists cam in.

Twa souple hizzies, skin-ticht nude,

Made their *debut* afore the crood,

An' bowed, while smiles wi' lackless grace,

Harsh, struggled thro' each bauld-boun' face.

Again it was the unco near

To nakedness that did appear.

What recked they their unseemly look,

Whan cheers proclaimed their presence " took "?

Sae thus, a shameless public mark,

They wi' a shout set aff to wark.

Ane lichtly loupin' to ae side,

Undid a raip that there was tied,

While frae the roof I saw depend
Four raips wi' cross-bars at their end,
(Twa bits o' stick that boun' each pair
An' swung some twenty feet in air).
The ban' struck up a niddlin' tune,
As han' owre han' ane clomb abune,
An' reached the bar, the high trapeze,
On which she sat wi' balanced ease.
Up flew the ither naeways blate
An' wi' her soarin' heart elate
She speeled abune wi' pith o' daur,
An' sat upon the ither bar—
Like parrots twa, to perches clingin'
Thae hizzies thus aloft were swingin'.
But noo began their airy tricks,
An' simple mode o' breakin' necks,
Noo legs were horizontal lyin',
Or up into the air were flyin',
Syne by the feet ane wad be hingin',
An' back an' forrit circlin', swingin',

Until the veins in neck an' cheeks

Arose in burstin', livid streaks,

Until her een wi' wecht o' bluid,

Like as an alligator's stood,

Syne wi' an effort up she'd get

An' on her bar again wad sit.

The ither ane, wi' tumblin' fuss,

Began her capers dangerous.

The bar she grasped an' level lay,

Then, like a porpoise in its play,

She quick revolvin' rolled an' spun,

Until like as a misty sun

Her swellin' face appeared to view,

Dark purplish in its hideous hue,

Noo legs were up, an' then her heid,

Back, front, flew roun' wi' giddy speed,

While roared the thrang to see her zeal,

In spinnin' as a human wheel.

On! on! she gaed, an' a' the while

The puir incentive to her toil

Rose louder, till wi' failin' strength
She slower, slower turned; at length,
Maist oot o' breath, she ceased, an' then
Gey heavy-like gat perched again.
Whan endit she this spinnin' feat,
Applause unbounded her did greet,
But had she missed her grip an' fell,
Far greater wad hae been their yell
O' pleasure, for such morbid natures
Sensation find in tattered features,
Frae broken limbs, or death's grim scene,
They, fond, the cream o' pleasure glean.
Swift doon the raip they baith descendit,
An' thus the Trapeze feed was endit,
They made their bows an' then withdrew,
An' 'hint the wings were lost to view.
Maist horrible this exhibition,
Disgustin' in its best position,
Ootragin' a' morality,
Defyin' common decency.

But hauf-nude forms will aye produce

The means that bring a croodit hoose,

An' captivate puir youthfu' hearts,

Whan death or danger's in the pairts.

Unsichtly a', maist unbecomin',

An' waur whan actit by a woman.

O Woman! in a Music Hall,

Shameless, yea blushless, an' withal

Low-sunk in ev'ry loathsome art,

Repulsive to the ee an' heart,

Whan pand'rin' thus to vilest tastes,

Vice-planter thou in human breasts.

Nae mair man's vauntit glory source,

Thou stan'st at aince their bane an' curse.

Whaur are the smiles, an' guileless ways,

Heav'n-meant the hearts o' man to raise

Unto a nobler thinkin' mood,

An' higher views o' bein' good?

Whaur is the virtue-mellowed grace

That gives a halo to the face,

The gran' corona soul imbued
Which elevates the sisterhood?
Gane! gane! are a' their lovely pow'rs
Whan thus debased they pass dark hours,
An' roun' the paths o' sisters strewin'
The gildit baits that lead to ruin.
Dark are oor days, vice-bound oor age,
Whan women in such wark engage.

The curtain frae the roof rolled doon,
The ban' struck up anither tune,
An' merry notes in merry chime
Proclaimed the fact that "'twas Hauf Time."
Nae mair such sichts I cared to see,
An' 'twas, O joy! full time for me.
Noo frae their seats lads, lasses rushed,
An' thro' the doorway yellin' crushed,
Seekin' the Bar that was a pairt
O' this Establishment's black art,
For vice has this strange property

O' makin' mouths an' thrapples dry,

An' sae the Chief o' this Hell Hall

Frae vice an' drink made capital.

Oot, oot again, an' hameways wand'rin',

This was the owrecome o' my pond'rin':

Ah me! his siller, cursèd sure,

Is wreaked frae oot a tempted poor,

Whose hearts are trapped into his lair

Of garish vice, that leads to—Where?

Who would such money own?   Is he

A man that would from devilry

Rejoice, or bear such sin-stamped gains,

Damp with the tears of hearts in chains?

Is he not one of those who tie,

Neck-wise, around humanity

The tear-wet, soul-damned, hell-spun rope

That drags to regions void of hope?

Oh, worse than monster thou! whose arts

Most foul are traps for human hearts.

Q

Money from vice and prostitution!

Out! thou Octopus of pollution,

"Twill burn thy heart! 'twill damn thy soul!

Twill be thy passport to the goal

Of deepest hell, where demon spirits

Will scorn to own thee for thy merits.

Arise, ye Fathers! Mothers! Sons!

Armed with the might of moral guns,

Behold the nurseries of our woes!

Behold your country's only foes!

Behold the focus of your cares!

Oh, hear your outraged offspring's pray'rs,

And, if thy patriotism lives,

Down with the dens where Moloch thrives!

Out with the seething, glitt'ring nests!

The incubus of rinderpests.

Down with them! Let your vengeful hands

Bear high pale Virtue's blazing brands,

On with the fire of angered Heav'n,

Which to all honest hearts is giv'n!

Heed not the timid! Fear no laws!

It is! it is! the people's cause.

Begin! begin the grand crusade,

Rest not until they low are laid,

And from your midst are swept away:

Portentous of that coming day

When men shall live, and living feel

A frater love for others' weal;

When men philanthropists shall be

In deeds, without verbosity;

When men shall be as men, and not

The all-indiff'rent Mammon Sot;

When ev'ry heart shall loathe to see

Vice triumph over Purity;

When Vice and Drink are hell-ward hurled

From a new-born Christian world;

When Music unalloyed will rise

With elevating tendencies.

Come! blessed morn of ancient prophecy!

Thou dawn of God-ordained democracy,

When men no more shall servile bend the knee

Before the shrine of Sin-god tyranny;

When law-nursed Vice shall shrink before the sight

Of virtuous men encrowned with Virtue's light;

When Liberty shall be a fount most pure,

Life's hallowed sweet'ner unto rich and poor;

Whan every tongue to smiling Heav'n will raise

The glorious chant of universal praise!

DONALD, THE PIPER;

OR,

A TRUE WAY TO MELLOW MUSIC.

— ◆ ● ◆ -

Ye chiels ! wha music strains fu' aften thrum
    Upon the fiddle, trumpet, harp, or flute,
Guitar, banjo, piano, organ, drum,
    Attend! for music's secret noo is oot.
Read! read auld Donal's victory, an' know
The royal mode for *Real* music's flow!

———

AULD Donal' was a piper gay,
    Pipin' Donal', Drucken Donal',
An' he stitched leather a' the day,
    Sooter Donal', Pipin' Donal';
But whan the sun gaed down at nicht, .
The pipes were Donal's sole delicht,

Made him a monarch owre the bodies;
Wi' pride an' pipe-conceit thegither,
He was na mair a son o' leather;
Sae boots an' shoes, an shoes an' boots,
Were flung aside as low pursuits,
 An' high he cocked his crest, O.

Auld Donal' kent a trick or twa—
 Tricky Donal', Drouthy Donal',
To gar his music mellow fa',
 Pipin' Donal', Drucken Donal',
Ilk lad an' lass, whan Donal' came,
Wad fin' their feet begin to flame,
An' dances by the score they'd name.
It was the aim an' foremost claim
O' ilka married sonsy dame
To banish age, an' be the same
As lasses keen for ony game
 Wi' young unmarried fellows, O.

Wi' whisky weel they Donal' pressed;

He drank ilk glass wi' freenly zest,

An' never gae his mou' a twist—

Tho' ilka glass was strongest-best—

But stowed in him it lay at rest

   As if upon saft pillows, O.

The bride an' bridegroom then cam' in,

An' loud arose the joyous din',

The dancin' noo was to begin,

For feet thro' slippers thick an' thin

   Were itchin' for the floor, O.

Some in the corners, seemin' shy,

Were busy courtin' on the sly, .

An' vowin' vows, an' grippin' hands,

An' weavin' matrimonial bands,

An' wond'rin' whan a nicht like this—

Wi' stappin' stanes in ilka kiss—

Wad mark the summit o' their bliss,

    Wi' a' thing to adore, O.

Play up ! play up ! are noo the cries;
An' Donal', whisky-charged, replies
Wi' ae lang signal note that flies
Athwart the biggin' to the skies,
An' mang the hills it fades an' dies,
Maist like a slumb'rin' giant's sighs,
An' startled deer in wild surprise,
    Think on the days o' yore, O.

Noo, Donal's up.   Hark ! 'tis his drone,
    Dronin' Donal', Drucken' Donal';
Majestic, see ! he stands alone,
    Dainty Donal', kiltit Donal',
In tartan hose, an' kilt, an' plaid,
Skenedhu, sporran, an' claymore braid,
In shoon an' bannet blue arrayed,
An' belts wi' buckles siller-made,
Ye ne'er wad thocht him sooter bred,
    He looked sae crouse an' canty, O.

The dancers noo were up in raws,
An' Donal' gies them twa-three blaws,
Then aff his tune rings frae the wa's—
His cheeks are oot like blether ba's,
   An' win' gie oot in plenty, O.
He beats his foot, an' hums his drone,
An' wildly blown is ilka groan,
Sae het in tone 'twad melt a stone,
Or iceberg in the Polar zone,
   'Twas sic a rivin' roar, O.

Ilk ane was up, an' reels were rife;
They danced as gin they danced for life,
An' ilka man, an' ilka wife
Were fu' o' whirlin', loupin' strife;
An' ilka lass an' ilka lad
Were up, for o'd they couldna haud.
They set, an' cleekit on like mad,
An' roun' they flew as Donal' blew,
An' dizzy grew till black an' blue

Upon the timmer floor, O.

Noo, Donal', wi' a piper's zeal,

An' bluid that louped frae whisky's heel,

An' bellows lungs as tough as steel,

Kept on, kept on, the madd'nin' reel,

An' blew his pipes as gin the deil

  Were whisperin', " Dinna drop, O."

As gin a thousan' deevils yelled,

His notes the shouts o' hell excelled,

An' louder, higher, on they swelled,

Till biggin' wa's amaist rebelled;

For shook they like a tree hauf felled,

Sae a' the dancers swift impelled

  Danced on an' couldna stop, O.

Noo thooms were snapped, an' feet were licht,

An' roun' they flew wi' a' their micht ;

The lamps abune a' burnin' bricht,

Wagged, louped, an' danced to see the sicht,

As Heuchs ! arose wi' great delicht.

An' sarks were weet wi' sweat that nicht,
Yet danced they on till legs, aince ticht,
Refused to bear their upper wecht,
An' shook an' bent, for a' ootricht
Were in a music-drucken plicht,
 An' fell upon the floor, O.

The bridegroom missed his bride and lay
Locked in the arms o' Grannie Gray;
The carlin thocht him her gudeman,
An' youthfu' capers daft began.
The bride was cuddlin' Tam M'Nab,
Wha kissed fu' aft her gapin' gab,
While she dumfoonert smacked his mou',
An' whispered, "Jock, I doot I'm fou'."
Sae thus upon a timmer floor
There ne'er was seen the like afore,
For legs an' arms, an' heads an' heels,
Lay gin as thrown frae cadgers' creels,
An' a' thro' Pipin' Donal's reels,
 Wha leuch at sic a splore, O.

"My sang," quo he, "I ken the way
To mak the pipes true music play,
To lichten heids, an' lichten feet,
An' gar them like a feather beat
Wi' airy motion, ripplin' sweet,
   That canna, canna flag, O.
It aye has been my lang endeavour
True music's secret to discover;
.I've found it noo! the nicht, or never!
The Pipes can do't, gin ye them flavour
   Wi' whisky in the bag, O!"

THE SPAEWIFE.

The reputed powers of the "Spaewife" in foreseeing events were generally centred in love affairs, for it was during a certain stage of Love blindness that the Spae oracle was consulted. Her pretensions to seeing into futurity consisted of mumbling some distorted rhymes, and reading off one's fate (?) from the fantastic positions assumed by tea leaves in the interior of a cup, which had been previously turned thrice round by the individual whose destiny was to be unfolded.

Such Endoric rubbish still exists, and has believers many

N a wee theekit cot that was nocht but a ben,

That stood a' alane a guid way up the glen,

Lived a wizzened auld cratur', ca'd Spaewifie Nell,

An' whaur she cam' frae feent a bodie could tell;

Her dwallin' was cuddled wi' three or four trees,

That sheltered its cleadin' frae ilka cauld breeze,

Wh.. . w... o .r: t.e roof o t their branches wad come.

An' kissed the peat reek that cam' oot the ae lum.

The sweet hinnysuckle clung close to its wa's,

An' roun' at its door there were four tatie raws,

Some lang-shankit cabbages shot up their heids,

'Mang nettles an' thistles, an' ither rank weeds;

A braid divot seat, an' the hauf o' a kirn,

A spinnin' wheel broken, tho' till't clung a pirn,

A weel-smeekit kettle, an auld jeely pan,

A' neebored the door in confusion sae gran'.

Auld Nelly aye wore owre her haffets sae bare,

A sow-backit mutch that rose high in the air;

Her black een were ben 'neath the ridge o' her broo,

Her hookit neb guardit her gash-gabbit mou'.

She seemed unco frail, an' aye gaed wi' a staff,

A queer runkled thing frae a rowan cut aff;

But ne'er was she kent to gang frae her hame,

An' sae her sma' happin' was maistly the same.

'Twas whispered that Nell was in league wi' the deil,

Some passers-by vowed that they heard his wild squeel;

Some saw him ae nicht in a mantle o' reek,

Sittin' crousely wi' Nell on the tap o' the theek.

For miles roun' aboot, her spae-skill was weel kent,

She saw a' the future as plain as in prent;

Thro' secrets o' natur' her gleg een wad glow'r,

For Sautan had gien her his keekin'-glass pow'r.

The lasses in love wad aft ca' upon Nell,

Their laddies to ken, or their fortunes to tell,

They ne'er wad gae single for fear o' the deil,

Sae twasome they aft to Nell's cottage wad steal.

Love's longin' wad prompt them Auld Hornie to dare,

Sae whan it cam gloamin' a love-glamoured pair,

Wi' mickle confabbin' their ootcomes to ken,

Wad sleely foregather an' haud up the glen.

They linked ithers arms, for they tremilt wi' fear,

An' swithered as they the lane biggin' drew near;

R

Syne wi' a " Hech, Sirs!" Nell wad open her door.

" Gudenicht to ye, leddies ! Weel, what is your wull ?

Wow me, is't thae men, 'deed love sune maks ye full.

Just stap your wa's ben, see the moon is no oot,

Ne'er fear, but I'll ken ilka threed o' your cloot."

They'd gang awa ben, syne wad tim'rously stare,

For the glowin' peat fire cuist a shadowy glare,

Dim-lichtin' ilk neuk o' the spell-workin' room,

Like moonbeams astray in a time-riven tomb.

Nell bolted the door wi' a prison-like bang,

Syne hirplin', she owre to her ingle would gang,

Upon a laigh creepie she'd set herself doon,

Then eeriely shoggin', this ditty she'd croon:—

 "The moon isna' up,

  An' a' thing is dark,

 Nae ray's in the cup

  Their life-points to mark.

 Ho! ho! hee! hee!

 Tho' sleepin' the moon,

  We'll steer up the fire,

 Hearts maunna gae doon,

  For Love maun aspire.

 Ho! ho! ho! hee! hee! hee!

"Noo, sit ye doon, leddies, ye needna dree harm,

The key o' the future is nocht but a charm;

Sit closer thegither, an' swith ye sall ken,

What days are afore ye, an' wha'll be your men."

She steered up the peats, an' put on a sma' pat,

Then up on her knee leapt a big murky cat,

Whase green een, like stars mirrored on the still deep,

Seemed on the twa strangers a gleg watch to
   keep.

Frae the ingle-side neuk an auld cup she took,

And into its hollow she bade them baith look:

A han'less teapat she brocht oot frae the asc,

Syne chantit this lilt wi' a shrill, crackit voice:—

   " The black teapot the secret weaves,

      Love is life, an' life is theirs;

         Time is seen in the dark-broon leaves,

      Love an' life are fu' o' snares.

      Black cat purr! Ho! ho! hee!

      Black kae stir! What will't be!

         Ho! ho! hee! hee!"

The water a-boil, swith she poured a jaup in,

Syne high swung the teapat wi' mony a grin',

The cat wi' a loup to her shouther was up,

As Nell hissin' said, " Lat the first haud the cup."

Noo was to be liftit their Destiny's veil,

Ane held oot the cup, tho' amaist she did fail,

Nell swingin' the teapat, an' croonin' her rhymes.

Poured some in the cup, saying, " Turn it three times."

" Noo, turn it ye thrice, an' the water rin oot;

There! there, lay its mou' on this spae workin' cloot."

'Twas dune, syne she took it, an' stoopin' her heid,

The leaf hieroglyphics she ettled to read—

" Hech me, what a volume o' love we hae here,

There's dizzens o' hounds wha are chasin ae deer;

Ha! ha! there is ane far ahead o' the rest;

Losh me! that's the laddie wha lo'es ye the best.

" He's lichtsome an' strappin', wi' face rather fair,

His een they are blue, an' he has curly hair,

He's efter ye fast, an' he'll maister the lave,

For see he is pechan some siller to save.

There's siller! but now, there's a water to cross;

It is a great ocean, on it he maun toss.

See! there he is noo in a strange country side,

An' growin' gey rich, a' to mak ye his bride.

"But there is anither lang dour-lookin' chiel,
Tey het on your heart, but mark him—he's a deil;
There's bluid in his stap, in his tongue there's a dart,
That brings ruin's tears to a young broken heart.
Noo, here is a house, an' aroun' it a ploy,
What a market o' fouk, a' loupin' wi' joy,
He's there, See! he's welcomed by a' to his hame,
An' proodly yoursel' tae he bauldly doth claim."

She heard her love-fate, while her neebor was laith
To hae her lot tell't, for she fear't it was death.
They startit wi' fear at a noise in the lum,
An' shrieked, for the deil like a big kae had come;
He flappit his wings, an' he gae a great skirl,
Swith up to the rafters he flew wi' a birl,
An' in a strange language he muttered an' croaked,
An' maist in his brimstane the lasses were choked.

Spae Nelly sat shoggin' an' soughed in the smeek
That filled the dread place frae the grun' to the theek,

Syne hoastin' an' splutt'rin', she up wi' her rung,

An' swore at the deil in his ain mither tongue.

The cat to the grun', wi' his tail in the air,

An' set up a yowlin' o' feline despair;

The gilpies were aff, dreadin' something far worse,

But left on Nell's floor the contents o' their purse.

THE STYLES O' RHYMIN'.

THOU Poesy! whan man first worshipped thee,
　　He thocht thou wert some Goddess, artfu'. slee,
Wha on a' rhymin' efforts cuist a blink
Gin they mellifluously smooth did clink:—
Frae Jubal, the first chiel wha kittled strings,
Unto blin' Homer, king o' poet kings,
Is ae lang stretch, an' mony in't hae sung
Melodious ootcomes wi' a gowden tongue.
Egyptian, Jewish, Babylonian,
Chaldee, Mede, Persian, an' Assyrian,
An' mony nations mair, possest sweet singers,
Yet, strange! gey sma' remembrance o' them lingers.

Whaur are their bursts o' Love?   What were their styles

Wi' which they ettled to obtain thy smiles?

They're a' awa into oblivion gane,

An' ancient poetry's sole licht alane

Concentred is roun' Homer's laurel broos,

Unsettin' radiance ever to diffuse:

An' sae frae Homer doon to Will Shakespeare

Some starnies wad at antrin times appear.

Auld Roman warblers, fluttrin' unco cantie,

Were warbled oot wi' eagle-nebbit Danté,

A weird, eccentric bodie, few excel,

Wha pleased thee weel wi' wanderin' thro' hell.

Syne Shakespeare rase, a comet-sun whase licht

Obscured a' ither former stars in nicht,

An' laid sic off'rin's at thy bonnie feet,

That, come a' Time! are unco hard to beat.

Frae Shakespeare doon to Byron's no that lang,

An' mony warblers poured the tremblin' sang;

Oor ain rough hame produced a front-rank lot—

Ramsay, Fergusson, Burns, an' Wattie Scott—

Whase names will live in Time-endurin' books,

Carved on thae famous tombstane things ca'd books.

Syne meteoric Byron flung his rays,

That maist set thy bit duddies in a blaze—

A wild, erratic, unhelmed, singin' deil,

Music volcanic pourin' frae the chiel

In a' the energy o' madness reamin'

Wi' beauteous imag'ries redundant teemin'.

He lo'ed thee jealously, an' ne'er could brook

To see thee on some bantlin's cast ae look.

Scorned by his country (like oor ain puir Rabbie),

His banes repose na in Westminster Abbey.

Frae Byron doon to Tennyson, wha noo

Wears laureate laurels roun' a splendid broo,

Is but a loup, an' in't there shone the Lakers,

A chantin' group o' versifyin' Quakers,

Wha blushin', bashfu', blate, to thee made court,

Till thou in pity garred them sing for sport.

They did gey weel, an' ne'er will be unkent

While ink is used in makin' English prent.

This last hauf cent'ry's seen a fouth o' clink,

By chiels wha worship thee wi' honest ink;

Some o' them stan' in prominence o' Fame,

The feck, hooe'er, gie cheepin's unco tame.

Noo, tell me, Leddy! wha made a' their styles

Which they adoptit to obtain thy smiles?

Has ev'ry epic, poem, sonnet, ode,

Been by ilk ane a new discovered mode

That he wha sings thy benison to gain

Can claim as his—*peculiarly his ain?*

I wonder wha auld Homer imitatit

Whan he on warriors an' gods dilatit?

Whase style was followed by the Roman linties?

Whase was adoptit in the screeds o' Danté's?

Ay! wha chart-made the lofty course to steer,

Sae voyaged o'er by starry-tongued Shakespeare?

Whase style was Ramsay's? whase puir Fergusson's?

Whan they to thee poured their sang-orisons,

Whase was immortal Burns'? whase Scott's the Great?

Were their styles new, or did they imitate?

Say truthfully, thou captivatin' siren !

Wha wast that paved the way for michty Byron ?

Were a' his lilts frae Don Juan to Cain,

In measures new? *peculiarly his ain.*

Come, tell me noo, wi' couthie, freen-like words,

Hae a' thy myriad, poetic hordes

Cut oot an independent croonin'-groove,

In which they crousely craw or stately move?"

"Na, na!" said she, "the best are gray an' auld,

The mists o' Time a' rhymin' modes enfauld;

Lang, lang ago my foremost singin' birds

Ran ilka measure aff wi' varied words,

Nae ane a new style can wi' honour claim,

For a' is auld—as auld as is my name.

He wha sings honestly his ain ideas

Me justly serves, an' weel he doth me please.

The een poetic, lit wi' soul profuse,

See objects similar in varied hues,

An' on the canvas o' the mind is sealed

The imprint that by words is scarce revealed.

The Heavens! the Earth! ilk human nature's phase

Are still unchanged since primal liltin' days.

The Poet then is true when he doth limn,

As his soul speaketh of things *seen* by him,

Far-rangin', graspin' vision, maks some greater,

Withal few stan'—the genuine creator—

Deep thinkin' is but shallow, for thocht's ocean

Has been well dredged wi' lang ago devotion.

Science may show new lichts, but unco sma',

An' weel sieved words in purist style may fa',

But a' is auld, as auld as are Fame's portals,

An' my throne room is fu' o' first immortals.

Sing as ye see an' feel, to this gie heed,

Sangs valued maist are when the Poet's deid."

A SONG OF LABOUR.

WHO are heroes in life's conflict?
  Who are Labour's giant sons?
Who, tho' humble, shine transcendent,
  'Mid the roll of deathless ones?
'Tis not he who sees no sunrise,
  Nor its strength'ning beauties shed;
'Tis not he, life-lazy sluggard,
  Who thinks shame to leave his bed.

'Tis not he who wields his hammer
  Without soul in ev'ry blow,
Toiling only to appease all
  Cravings that from stomach grow;

With ambition all concentred
In the rusty-souled belief,—
To contract his hours of labour,
That his days be not too brief.

'Tis not he with ear to foamings
Of one-sided demagogues,
Pois'ners of all Labour's virtues,
. Wand'rers 'mid Destruction's fogs,
Traders on their fellows' weakness,
Panderers to vague extremes.
One-eyed visionaries spreading
Tenets of Utopian dreams.

Dictators to others' Reason,
Framers of men's manacles,
Sowers of discomfort's sorrows,
True to self as barnacles.
Who by ill-timed agitations
Shake a nation to its core,

Paralyzing Labour's balance,
  Which they never can restore.

Who are Labour's greatest despots?
  Who are Labour's enemies?
Labourers who gnaw like vultures
  Labour's dearest vital ties.
Oh! that Labour's bright escutcheon
  Should by tyrants tarnished be;
Oh! that millions should be blinded
  With their base philanthropy.

These no heroes are of Labour,
  Far they sink beneath the man,
Who with conscience all unclouded
  Strives to do whate'er he can.
See him in the morning early,
  Mark his hammer how it swings,
Health of soul gives strength of sinew,
  Ev'ry blow a pæan sings.

Mark his honest soul endeavours,

　Isolated tho' they be,

Showing Reason's sweet refulgence

　'Mid his fellows' calumny.

In their unity he glories,

　Glories in their phalanx strong,

But repels with righteous hatred,

　Labour's strength supporting Wrong.

He obeys no unjust mandate,

　Though by nose-led brethren passed,

But will act on his opinion,

　Fearless of the hate they cast.

Numbers never proved the justice

　Of a cause assumed as Right,

He majorities sees voting

　For an arrant Wrong to fight.

He above the Present soareth

　Far on Reason's pinions, then

S

Views the heritage of Labour
    Left to future toiling men,
He marks Labour's social glory,
    Doomed for evermore to fade,
Leaving a guerilla warfare
    In its peaceful place instead.

Wealth has never made a hero,
    Nor hath words a real man,
Labour's sons are more than heroes
    When they lead in Justice' van.
Justice, based on Right and Reason—
    Justice, viewed with others' eyes—
Justice, that points Labour's banners
    On to peaceful victories.

BLIN' HUGHIE.

WHA hasna heard tell o' Blin' Hughie, the singer?
  The last wand'rin' minstrel o' Scottish-sang lore;
I'm sure in some mem'ries his ootlines still linger,
  For worthy was Hughie o' fouk to adore.
His lang strappin' figure was crooned wi' a bannet.
  A real Kilmarnock o' weather-proof blue,
That like a corona encirclin' a planet,
  Hung wi' its red toorie ahint to the view.

His bonnie broo bare to the sun an' the weather,
  Surmountit in beauty his life darkened een;
His couthie-like face wi' the hue o' hairst heather,
  Made ilka observer o' Hughie a freen;

Defied ilka leather-made fashion 'or mode;
But Hughie ne'er heedit sae lang as he trampit
  Dry shod ower the miles o' ilk rough Scottish road.
A staff he aye carried wi't's han'le end crookit,
  To be his sole guide; hech! 'twas nae use ava,
For somehoo or ither his *feelin' aye lookit*,
  An' guardit him weel frae a gutter or wa'.

The crook o' his staff owre his wrist-bane aye hingin',
  His thochtfu'-like face lookin' doon to the grun',
Wi' mou' a wee thrawn-ways, Hugh startit his singin',
  An peered fu' appealin'ly up to the sun.
He'd sing o' the Stuarts, an' Hielan' devotion;
  He'd sing o' the tartan, the mountain, an' heath;

He felt what he sang; sae owrecome wi' emotion,
His hearers wad sab wi' a falterin' breath.

Ilk market an' fair tint the hauf o' its pleasure
Gin Hughie was no in the thick o' the thrang,
Delightin' the lasses wi' some hinny measure,
Or firin' the chiels wi' a heart-grippin' sang;
The hame-owre pathetic their joys wad be calmin',
Love ditties, 'lane courtin's, wad kittle ilk heart;
But wi' "Cam ye by Athol," he'd droon Robbie Salmon,
The eloquent gingerbread man, on his cart.

Puir Robbie wad start a lang-windit oration,
(An' better than he we'll nae mair see at fairs),
Yet a' heard the finish o' Hugh's emanation,
Ere ever they'd gang to buy gingerbread wares.
Nae mair we'll hear Hughie wi' voice ringin' cheerie,
Nae mair will he warble the soul-roosin' strain,
He sees an' he sings in the hame for the weary,
An' Scotlan' may greet for her true-hearted wean.

TO A SKULL

SEEN IN A SHOP WINDOW.

———>◆◆◆<———

DESERTED home of Thought's great mystery,
    Thou embrowned shell of silent history,
When did thy subtle mechanism cease,
And seek the shades of earth-reposing peace?
Why art thou here? To whom didst thou belong?
What sacrilegious hands hath done thee wrong,
Disturbing thy decay's repose, that thou
May'st be to morbid eyes a show-sight now?
O strange, strange tale! Who proudly owned thee
    once?
Was he a sage, or some poor grov'lling dunce?
It matters not! Aforetime swift through thee

Warm life-blood coursed along, untrammelled, free:

Imagination from thy golden fount

Mellifluously once did welling mount,

And sympathies, and fears, and hope-lit love,

Rung their sweet chords at each thought-forming move.

Where now the dreams that oft within thee sprung?

Those myriad monitors, whose siren tongue

Oft lured the fancies which it did create,

On to the dream-clad, sweet, Elysian state;

Or, whisp'ring, led them, until Thought's soft eyes

Beheld a Stygian river's terrors rise

Magnificent in horror, terrible,

With all its demondom most horrible.

Ah me! Where now the aspirations high

Which oft were germed within this cavity?

They all are gone! Where? Well, they were as wind

Once felt, but leaving not a trace behind.

Thy eyes, too, once so luminously bright,

Grasping, and rev'lling in the mellowed light

Which I now see, are gone, and here, aye here,

Two dull receptacles before me peer

In all the coldness of their vacancy,

And seem e'en yet to look most piteously.

Where are the tears of youth, the manhood's gleam,

The ardent sparkle when love ruled supreme,

The flashing glance of scorn, the soft, soft gaze,

Which mirrored thy soul's fires in ev'ry phase?

All, all are gone, forgotten they have been,

And but their fading frame-work here is seen.

Remnant of beauty thou ! a withered throne,

Wreck of an edifice for ever gone

To dust oblivion.   Ah ! 'twas never thought

That thou to deck a window would'st be brought.

Yet there thou grinn'st, denied an honest home,

An inert shell, for venal use become,

Most vile indeed, thy quack possessor's trade

Thou servest well, for when thou'rt deftly laid

To public view, thou seem'st to prove his skill

In curing dupes from ev'ry human ill.

With vague surroundings thou art close akin,

Herbs, pills, and dubious baits of quack'ry's sin,

High-coloured, flaring sections, in detail,

Of human parts, thy modesty assail,

The loathsome galaxy e'en gives thee shame.

Hadst thou a tongue, thou would'st aloud proclaim —

That moral order's laws are mighty lax

When skulls of mortals serve as baits for quacks.

ENGLAND'S EDEN.

DWELLERS in the murky cities!
    Plodders, toilers after wealth!
Know ye where are Nature's beauties?
Know ye where are mines of health?
Where the crooning, rippling river,
Sings so softly, slow, and sweet,
Mingling with wind-voices ever
In the sylvan Flats retreat;
    Gently humming,
    Softly coming,
Like the tread of angel's feet!

Battlemented keep and tower,

Ruin's shadows weirdly cast,

Telling of a warlike power

Sunk for ever in the past,

Where mailed warriors in their glory,

Mighty with their spears and bows,

Sung the rushing onset story

Of their doughty Border foes;

    Fancy dimly,

    Sees them grimly

Round their watchfires in repose.

Verdant fields with furrowed shadows,

Waving like the ocean's breast,

Stretching vales, and flow'ry meadows,

Blush their beauty golden drest;

Melodies of songsters wooing,

Float in liquid notes of love,

And the tender cushat's cooing

Echoes thro' each mazy grove,

With a gladness,
Tinged with sadness,
Like a spirit voice above.

Far the torrent hoarse is sounding,
See its misty curtain spread:
Foaming, seething, ever bounding
O'er its smooth, grey basalt bed:
Streamlets with infantile surges,
Down the lone empurpled steep,
Rush with joy, and in the gorges
As wee threads of silver peep,
Ever shining,
Ever twining,
From a hundred hills they leap.

Oh ye denizens of cities!
Oh ye labour-toiling men,
Go ye where are Nature's beauties,
Near, yet strange unto your ken;

Fling your grov'lling care and bustle

From your souls that they may soar,

Seek the shades of Barnard Castle,

And re-armed, go fight the more,

    Full of ardour

    Struggling harder

In life's fight the warrior.

LEERIE! LEERIE! LICHT THE LAMPS!

WHA disna min' on daffin' days, whan youth had
feent a care,

An' whan wi' laddies like oorsel's we ilka ploy wad
share?

Ilk mornin' saw us clean an' snod, a' trudgin' to the
schule,

To learn a' oor lessons hard aneath the leather
rule.

Oh, hoo we longed for efternoon, oh, hoo we watched
the oor

Whan Dominie wad frae his desk the skailin'-prayer
pour.

We then wad aff wi' great delicht, an' romp till gloamin'
sweet,

. Until we saw the Leerie licht the lamps upon the
street.

We thocht it gran' to see him rin, an' up his
ladder fly,

An' "Leerie, Leerie, licht the lamps," we efter
him wad cry.

We watched him tak the bannet aff, syne pop his
lampie in,

An' "Leerie, Leerie, licht the lamps," we roared
wi' mickle din.

Wi' legs atour his ladder he wad slide doon to the
grun',

We a' thocht this an unco feat, that gae us sterlin'
fun,

Syne aff he'd set across the street, while we for daffin'
fain

Wad efter him aye rin to see the wooden slide again;

Whiles he wad turn in fancied wrath, which
    hearts a fley,
We frichtened then wad rin
    stay;
We saw he didna follow us, an' sae we bauldly stood,
An' "Leerie, Leerie, licht the lamps," oor voices roared
    alood.
        We thocht it gran' to see him rin, an' up his
        ladder fly, &c.

We wunnert whaur the licht cam frae, an' hoo it didna
    need
Some snuffin' to keep up the lowe, or oil its wick to
    feed;
'Twas awfu' wark, an' sae oor minds were fu' o' laddies'
    doot,
An' aft we'd speel the iron-post an' try to blaw it
    oot.
Fu' sune we learnt it had a sneck that clipt the thing
    awa;

The secret we had found, an' then we'd darken ane or
   twa
To plague the Leerie, wha wad come in anger an'
   despair,
Syne "Leerie, Leerie, licht the lamps," wad greet his
   lugs aince mair.
      We thocht it gran' to see him rin', an' up his
         ladder fly, &c.

But thae were laddies' ploys, an' noo we're grown to
   thinkin' men,
An' sobered doon wi' han' o' Time, sae nobler things
   we ken;
Yet in reflective moments we will aften look ahint
To mark the joys o' former years, whase gleams are
   never tint.
Sae, thus oor past remembrances can never be
   forgot,
They loom the finger-posts that point unto oor changin'
   lot:

ODE TO A DYING DOVE.

BLUID-STAINED, an' broken-winged, puir doo,
 Thou flutt'rest in thy gore,
Nae mair thy mate thou'lt fondly coo—
 Thy tumblin' flights are o'er;

Thy snaw-white breastie, crushed an' torn,
 Sae aft thy tender care,
Is quiv'rin' wi' death's anguished thorn,
 An' heavin' sadly sair.

Nae mair on flight-contractin' limb
 Thou'lt seek thy little grains,

Thy bonnie, circled een grow dim—
　　Their glance o' beauty wanes.

Nae mair wi' pride an' meikle skill
　　Thou'lt build thy cosy
Thy little gaspin', bleedin' bill
　　Lies pow'rless on thy breast.

What hardened villain's murd'rous heart,
　　An' death-exultin' ee,
Found pleasure in thy deadly hurt,
　　And left thee thus to dee?

Oh! could he view thee writhe and roll,
　　Or mark thy gapin' wound,
Remorse an' shame wad fill his soul,
　　If such in him were found.

He mortal is, as well as thou,
　　He too will feel death's strife;

Wi' quiv'rin' limbs, an' achin' brow,
   He too must yield his life.

Emblem o' innocence! thou'rt dead,
   I drap the filial tear,
Such o'er thy foe will ne'er be shed
   When lowly in his bier.

THE TWA ENDS.

I GET my meat, my duds, my drink, an' aye keep
oot o' debt, man,

An' tho' my purse is licht o' clink, I hae nae cause to
fret, man ;

The best o' fouk can get nae mair, an' fouth is but
surfeit, man,

The happy-simple void o' care is whan the twa ends
meet, man.

I'm happy, for my little is plain comfort's fount and
source, man,

Then hoo can bliss or happiness be measured by the
purse, man?

I ken fu' weel I canna tak a bawbee to the grave, man,
An' 'tis a daft-like thing to mak provision for the lave, man.

Sae what ye scrape for bairns to come perchance may
gang agley, man,
For siller gars them aft succumb unto temptation's
way, man;
The balance o' ane's wants supplied belangs unto the
puir, man,
Sae banish greed, ye fules o' pride, an' happy-guid
secure, man.

What matters then a' titles, names, or wealth's un-
countit store, man,
Or haughty looks or graspin' aims, or love to lord it
o'er, man?
'Tis but a phantom fouk pursue that gi'es the bitter
sweet, man,
For happiness aye sinks as much as owre the twa
ends meet, man.

Men hide the mirror o' their thocht, they daurna scan
the deed, man;

They only ken the act whan wrocht, but never, never
heed, man.

'Tis strange they thinkna on the fact that they their a'
maun lea', man—

That nocht on earth remains intact, that rich and puir
maun dee, man.

'Tis but their duds, their meat an' drink, that kings
can only claim, man;

They needna fash to gather clink—'tis only but a
name, man—

A name no worth a pinch o' snuff, or dust below your
feet, man,

The *glorious wise*, the *gran' enough*, is whan the twa
ends meet, man.

The love o' Mammon aye will stand the antidote to
guid, man,

An' never shall exist the band o' mankind's brither-
    hood, man,
Until the dusky heart is clean, an' wi' a halo bricht,
    man,
It flings love rays on ilka ane, disseminatin' licht, man.

Preachers and priests their win' may waste, and poets
    thrum their sangs, man,
An' be wi' future days impressed whan there will be nae
    wrangs, man;
'Tis but a farce, for frae the Flood man's nature is
    replete, man,
Wi' raxin' ends for selfish good to gar them mair than
    meet, man.

SONGS.

BONNIE BALMORAL.

Some time ago Mr. Allan ventured to send copies of this song and music to the Queen at Balmoral, which Her Majesty has accepted, and the pleasing fact has been notified to the poet in the following note:—"Lieutenant-General Sir T. M. Biddulph has received the Queen's commands to thank Mr. William Allan for sending the two copies of his song 'Bonnie Balmoral,' which Her Majesty has been graciously pleased to accept." We append the words of the song, which is likely to become popular.

" Glasgow Herald."

WHAUR broon hills rise in our northern skies,

    An' forests moanin' wave;

Whaur storm-clouds sweep down the mountain steep,

    An' tempests loudly rave;

Whaur blue-bells nod o'er the heath'ry sod,

    An' boundin' red deer roam;

Whaur flow'ry dells deck the craggy fells,
　　Is sweet Balmoral home.
　　　O, Bonnie Balmoral, love-nestlin', serene,
　　　　Thy mem'ries our hearts aye revere;
　　　Loved gem o' the Hielan's, calm hame o' our
　　　　Queen,
　　　　Balmoral, Balmoral, how dear!

The mountain air is pine-scented there,
　　Saft is the river's fa';
An' gloamin' gray maks wee shadows play
　　In mellow'd beauties a'.
Yet ilka breeze 'mang the sighin' trees,
　　Soun's dowie-toned an' sair,
In ilka swell, a' seems to tell
　　O' byganes cradled there.
　　　O, Bonnie Balmoral, love-nestlin', serene, &c.

If soul-relief to unfading grief,
　　An' cank'rin' warldly care,

Is ever got, O, this lovely spot
   Maun be the Eden fair.
Here a' alone is a regal throne,
   In nature's brightest sheen;
A palace meet is Balmoral sweet
   For Scotland's darling Queen!
     O, Bonnie Balmoral, love-nestlin', serene, &c.

LILY! SHE IS FAIR.

THERE is a wee lassie fu' braw, 'mang a',
   An' I had a glint o' her ee,
It fell on my heart wi' a fa', sae sma'
   That still it's a-hauntin' o' me;
I aft fin' her bonnie bit face, a place
   In nicht-mellowed, sweet-fa'in' dreams,
She looms amang a' wi' a grace, the ace,
   A queen sheddin' virtuous beams.
     For Lily she is fair! sweet Lily is a joy,
       Aye I wish the bonnie Lily weel,
      O! may nae cauldrife blast the maiden blush
        destroy,
       An' never sorrow's snaws may she feel.

For virtue's simplicity pure I'm sure

 There's few that can equal hersel',

Her innocence' strength is a toor, secure,

 The ornament nane can excel;

She's just a bit jewel gey rare to wear,

 Illumed wi' a sheen frae the skies,

Whase sparkle will banish a' care, an' mair;

 O wealth canna buy sic a prize.

  For Lily she is fair! &c.

May blessin's unsullied aye hing their wing

 Fu'. sweetly atour her life-path,

Far frae her be grief-cloods that cling and fling

 The shades o' their merciless wrath;

Her life a joy-sunshine will be, I dree,

 Till calmly she glides to her rest,

Back then to her kindred she'll flee to pree

 The joy o' eternity blest.

  For Lily she is fair! &c.

CHANGED.

I CANNA think that thou art changed,
   I daurna think thy heart is cold,
An' frae oor past sae far estranged
  That faith has tint its gowden hold.
Say, can our mutual mem'ries fade?
  As fade sweet flow'rs 'neath cauldrife frost,
Are hours whose mellowed, ling'rin' shade
  To be for ever, ever lost?

Ah na! it canna be that thou,
  Sae fair in form, sae bricht in mind,

Canst e'er forget oor plighted vow.

    To be sae cruel, sae unkind.

Oh, sooner far would I believe

    That thorns on tender blue-bells grow,

Than that thy heart could beat to grieve

    The heart that bears thy image now.

Anither's wiles thy heart might move,

    But ah! too surely thou wilt feel

The gnawin' pain o' former love,

    Which fancied love can never heal.

Nae earthly happiness is blest

    Without the pure, the heavenly flame,

That, burnin' brichtly in the breist,

    Reflects the halo o' its hame.

But gin thou'rt gane, I'll aye conceal

    The searin' wound o' life-despair,

My sorrow's well I'll ne'er reveal,

    For thy dear ootline dwelleth there.

Oh, could I bury but our past,

    Or could each hour, an' hallowed spot,

Into oblivion's depths be cast,

    Then, only then, I'll love thee not.

HARK! SLOWLY BOOMS THE BELL.

SADLY sighin', slowly dyin', hark! the last hour's
ringin' chime
Tells us that anither towmond wanes frae aff the reel
o' Time,
Hoary headit, cauldly beddit, oh! it slips fu' slee
awa,
Like a vision in oor dreamin's, or a shadow on the
wa';
Gently glidin', unabidin', frae us passin' aince
again,
Doth its mem'ry bring us sorrow? shall its passin' bring
us pain?

Doot an' dreadin', ever treadin' roun' about us while
   we're here,
Maun be banished at the dawnin' o' anither comin'
   year.
      Hark! slowly booms the bell again! anither year
         is gane,
         We listen, oh we listen to the notes that speak
         sae clear,
      Up bound oor hearts fu' joyously, an' we maun
         sing this strain—
      A towmond's happiness is sure whan happy
      dawns the year.

What is livin' but the strivin' to fulfil oor being's
   plan?
Lovin' ithers is the measure o' the dignity in man,
Ilka morrow brings its sorrow, an' the heart, low-sinkin'
   down,
Finds a balm in couthie smilin's, but is wrecked aneath
   a frown;

Ever cloudit, ever shroudit, oh it is a blessin' rare

That we dinna ken our futures, else we couldna livin'
bear,

Sae whatever tends to sever simple joys that bring us
cheer

Maun be banished at the dawnin' o' this ither comin'
year.

> Hark! slowly booms the bell again! anither year
> is gane, &c.

Are ye happy owre the nappy? gin ye're no, ye should
be sae,

Sowther a' your hates an' tantrums, freenly smiles maun
rule the day—

Think o' ithers as your brithers—think o' them aneath
the sod!

Think tae that you sune may follow on that cauld an'
gloomy road;

Thro' some chinkies will nae blinkies o' your earthly
bursts o' love

Lieht you thro' the eerie valley, as the
 above?

In their glintin' sweetly hintin' that on e
   eer
By the lo'ein' o' your neebors, at the
   gane

   Hark! slowly booms the bell again
   is gane, &c.

JESSIE'S LEAVIN'.

S AIR, sair was my heart whan wee Jessie was leavin'
    Oor hame to be gaun amang strangers aince
      mair;
I couldna look on her, I focht wi' my grievin',
    An' tho' I said naething, I felt it gey sair.
Love's sorrowfu' duty maist brocht me relentin',
    But thochts o' the future wad thro' my soul fly,
An' Jessie-to-be I was mentally paintin'—
    Sustainin' my heart—as I bade her guid-bye.
      Fare-ye-weel, Jessie, my heart is aye wi' ye,
        Ilk e'enin' an' mornin' I'll pray for your weal;
      Fare-ye-weel, Jessie, may He never lea' ye,
        But guard ye, an' mak ye oor wishes aye feel.

Her lang yellow hair owre her shouthers was flowin',
Her blue een shone brichter whan lowin' in tears,
Her wee heart maist brak as she frae us was goin',
An' pale was her cheek wi' the pairtin' pang fears.
Her wee kist held a' her bit braws an' her cleadin';
It seemed a' her hame noo, an' aft wad I sigh;
The thocht o' a stranger her sma' wants unheedin'
Gae anguish o' heart as I whispered guid-bye.
　　Fare-ye-weel, Jessie, my heart is aye wi' ye, &c.

Wee Wattie hung on her, an' Teenie was starin'—
The puir things aye wonert hoo she gaed awa;
They searched a' the hoose, an' in tones sae despairin',
Wad shout on wee Jessie to answer their ca'.
They gang to her beddie to see gin she's hidin',
　　An', midst their bit ploys, they gey aften will cry;
For Jessie nae langer is owre them presidin'—
　　Their wee hearts, like mine, feel the pain o' guid-
　　bye.
　　Fare-ye-weel, Jessie, my heart aye gangs wi' ye, &c.

Cauld winter is comin', an' blae win's are blawin',

   An' birdies, noo sangless, hae tears in ilk ee,

To see the broon leaves o' their joy-days a' fa'in',

   Nae mair to awaken their rapturous glee.

Sae gang awa, dreich days, an' come simmer cheerie,

   Whan birdies will sing, an' to saft win's reply;

An' bring ye back Jessie to hearts dowie, wearie—

   Oor yellow-haired Jessie, wha grat her guid-bye.

     Come ye back, Jessie, oor hearts are aye wi' ye, &c.

MY LASSIE.

I NEEDNA ca' her bonnie,
  Ye hae but to see her;
O, winsome she as ony,
  Sae I praises gie her.
There's twa black een love lowin',
  A lauchin' kissin' mou';
Lang midnicht hair doon flowin',
  Atour a sunny broo.
      She's a' my ain—a peerless jewel;
      To gie her pain I wad be cruel.

O, comely she an' strappin',
  Nature ornamentit;

Sae modest in her happin',
   Nocht about her paintit.
Her sweet voice blithe an' cheerie,
   Maks love's pleasure meltin';
Rapt, ye wadna wearie,
   Gin' ye heard her liltin'.
            She's a' my ain—a peerless jewel;
            To gie her pain I wad be cruel.

Feent movement o' her lazy—
   Shapin', darnin', sewin';
My heart 'neath sic a hizzy
   Glories in its ruin.
Sae simple, guileless, tender—
   Strong in virtue's pow'rs;
Oh! gowd could never render
   Sic happiness as ours.
            She's a' my ain —a peerless jewel;
            To gie her pain I wad be cruel.

Sae never may nae morrow
    Dawn on sic a creature,
Wi' rays o' piercin' sorrow,
    Blightin' her fond nature.
May we aye be thegither,
    Free frae earthly grievin',
As ane until we wither—
    Ane, whan a' we're leavin'.
        Then still my ain, in love abidin',
        In life aye ane, death undividin'.

MAMMY! COME HAME!

I SAW a bit bairnie alane—a' alane,
    Kneelin' on a new yird-happit mound;
Her facie was stampit wi' pain—oh! sic pain,
  An' her tears drappit sair to the ground.
Her yellow hair loose kissed the yird—the cauld
    yird,
  That her wee han's were howkin' sae fast;
Her sabbin' an' sighin' I heard, an' it stirred
  A' the pity that lay in my breast.
"Oh, mammy, come back! oh, come back!" aye she
    cried,
  "Nae ane's in the hoose, an' it's no like the same.

Come, mammy, an' tak me aince mair to your side;
    Ye maunna lie here, mammy, come awa hame!"

She laigh to the grun' put her ear—ae wee ear,
    Licht the hush o' her sabbin' did fa';
Nae kent couthie voice did she hear—just to cheer,
    For nae mammy could answer her ca'.
The wee heart maist brak wi' its grief—oh! sic grief,
    As she listened but gat nae reply;
Syne seein' the cauld yird was deaf—ever deaf,
    Lang an' sorrowfu' rase her wild cry—
"Oh, mammy, come back! oh, come back!" aye she
        cried,
    "Nae ane's in the hoose, an' it's no like the same.
Come, mammy, an' tak me aince mair to your side;
    Ye maunna lie here, mammy, come awa hame!"

Slow, slow her pale face looked above—aye above,
    Serried deeply wi' tear-coursin' streams;
Her quiv'rin' lips gently did move—the saft move

O' a bairnie's, whan mellowed wi' dreams.

It cam as an echo o' pray'r—a wee pray'r

That her mammy had taught her to say;

Syne, kissin' the yird in despair—unco sair,

Sadly, slowly she wandered away.

"Oh, mammy, ye'll never come back!" noo I heard;

"I'm gaun to the hoose, but it's nae mair the same:

I'll come to ye, mammy, tho' doon in the yird,

An' ye'll cuddle me whan I come to your hame!"

Note.—The above is a fact.

THE PALE HORSE.

WHAUR the fires are toom an' cauld, an' the wa's
  are damp an' auld;
Whaur the dwellers a' are haggard, lean, an' gaunt;
Whaur life-happin', thin an' bald, hungry, shiv'rin'
  frames enfauld;
Whaur is held the court o' Poverty an' Want,
There, upon his ghostly horse, Death rides wi' trium-
  phant course.
See! his bloody banner wavin' wildly high,
While his trumpet, tempest-hoarse, blaws a blast o'er
  ilka corse,
An' afar is heard his shout o' victory:—

For the Pale Horse pours out his siroc breath!

An' his dauntless rider is conquering Death!

He seeks oot the weak, an' he seeks the puir,

An' he shouts as he strikes them doon fu' sure,

   "Faithers an' mithers,

    Sisters an' brithers,

  Why should ye live? ye are puir an' old,

  Meet only for worms aneath the mould;

  Out, out frae the warl'! away! away!

  I am your friend! down, down to the clay!

    Down! down!"

Hark! unto the city's ends, ae lang wailin' cry ascends

  Frae the bosoms o' thae human rags an' bones,,

"Hae we! hae we! ony friends wha will stem this

  feast o' fiends?"

  Is the anguish o' despairin's piercin' tones:

Ho! ye dweller in the west, wha wi' wealth an' ease is

  blest,

  Do ye hear it as it loudly on careers?

Ye are human like the rest, oh! hae pity in your breast,
   Let compassion open baith your purse an' ears!
      For the Pale Horse, &c.

Tho' ye noo but little gie, ilka little sune will be
   Sic a peeramid o' comfort's bounteous store,
That the hunger-lichtit ee will life-givin' blessin's pree,
   An' defy the Horseman tappin' at the door.
Come ye noo, a' Christian men, dinna say "ye didna
   ken,"
   Let your claims to manhood rest upon your deeds,
Toom your purses owre again, that the puir may mak
   a fen',
   Ye'll be richer wi' relievin' ither's needs!
      For the Pale Horse, &c.

JEAN AN' ME.

A WIFE to lo'e, a cosie house,
    Twa prattlin', toddlin' weans,
Eneuch o' cash to keep me crouse,
    While health the haill sustains;
A happy an' contented mind,
    A smilin' conscience free,
There surely never was designed
    A pair like Jean an' me.
        Strange, the langer I live wi' her,
            Aye the mair I lo'e her;
        Happy only whan I see her,
            Live I but to woo her.

An endless calm o' hamely peace,
    Adorned wi' couthie bliss,
A wealth o' joys that but increase
    Our dual happiness;
My toil is lichtsome, an' I find
    Ilk dawn gars dootin's flee;
Wow! but there never was designed
    A pair like Jean an' me.
        Strange, the langer I live wi' her, &c.

Love's welcomes greet me ilka nicht,
    In simmer graces rare;
Love's soothin's gie my heart delicht,
    An' banish cank'rin' care;
This wife to lo'e, queen o' her kind!
    A wean on ilka knee!
My certes! wha could ever find
    A pair like Jean an' me?
        Strange, the langer I live wi' her, &c.

THE FORTY-TWA.

NOO I maun greet, noo I maun sigh,
   An' ilka nicht maun sleepless lie,
Doomed, doomed to bear the bitter pain
O' wand'rin' dowie an' alane.
I seek the glen whaur aft we strayed
In gloamin', 'neath the birken shade;
My heart maist braks for him awa
Wi' Scotland's gallant Forty-twa.

My minnie tells me I am sad,
An' aft she tries to make me glad,

But nocht my darkened life can cheer,

Whan love's cauld clingin' cloods appear.

I canna thole the lintie's sang

The bonnie yellow broom amang,

It gars my burnin' tears doon fa'

For ane wi' Scotland's Forty-twa.

I canna touch the heather-bell,

For sake o' him wha lo'es it well;

The mountain-rose I daurna pu'—

I've nane! I've nane! to busk wi't noo.

I canna dauner by the streams,

Whaur aft we paintit Fancy's dreams,

But aye the shadow haunts me a',

O' him wi' Scotland's Forty-twa.

Oor theekit cot is no the same,

It disna feel to me like hame—

Some sorrow seems to linger round

Ilk spot whaur joys did aince abound.

Noo, tho' I bear the gloom o' love,

I aye maun pray to Him above

To send me back my life, my a',

Wha's wi' auld Scotland's Forty-twa.

THE BANNER.

MY banner's faulds, oh, let me see !
　　Aince mair, oh, let it streamin' wave ;
Bring, bring it near me ere I dee,
　　For soon they'll lay me in the grave.
In life it was my guidin' star,
　　Beneath its faulds I've fought an' bled ;
Triumphantly on fields afar,
　　Its sacred charm to vict'ry led.
　　　　Bring, bring the banner, let me clasp
　　　　　　The staff no foeman's hand could stain ;
　　　　I canna see ! I canna grasp
　　　　　　Its tattered silken faulds again.

My life-bluid ebbs ! death slowly comes !

  Methinks I hear the cannon's roar,

The bugle's call? the roll o' drums !

  The bullet-tempest whistlin' o'er !

Hark hoo they cheer ! What means that cry ?

  Ha ! 'tis our heroes' omen bright,

Far-pealin', hark ! the heavens reply.

  The banner leads and rules the fight.

     Bring, bring the banner, let me clasp, &c.

Farewell to thee ! Death's tear I weep,

  Oh ! coulds't thou be my windin'-sheet,

Then joyfully my dust wad sleep

  In such a heroes' guerdon meet.

No ! ever silently 'twill tell

  Of battles fought, an' scenes o' death,

'Twill speak o' me, wha leadin' fell,

  An' kissed its faulds wi' latest breath.

     Farewell my banner ! now I clasp, &c.

TO JEAN.

"A minist'ring angel thou."—*Scott.*

WHAN Life itself seemed barely worth
    Ae aspiration's thocht,
Whan a' the fancied joys o' earth
    Nae peace or pleasure brocht,
Whan kin and freens were true to Self,
    Wi' mercenary claim,
Whan bastard pity, based on pelf,
    Disclosed their sick'nin' aim:

Whan nae Ambition filled my breast,
    Or spurred my better man,

Whan a' seemed but a with'rin' waste,
　To my despondin' scan,
　Whan 'neath the stranger's roof I dwelt,
　An' spent dull, weary hours,
Whan Isolation's grief I felt
　Wi' heart-devourin' pow'rs,

Wi' nane to soothe my achin' brow,
　Or sympathy accord,
Wi' nane to gie life's only glow,
　Or speak ae kindly word;
Whan thus I lived, in life's regret
　Endurin' a' its pain,
My heart could love, alas! 'twas yet
　Forsaken an' alane.

But thou, angelic avatar!
　Beheld an' pitied me;
Despondency's vile bonds afar
　Were flung, an' I was free.

They gaed, a' unfl

They bore the l

And wild Caledon

Till echoed the

The war-pij

They mu

wav

My mem'ry

An' sadly

lave

Back, back to the l

Swift, swift sped

Wae's me! there are weans wha are faitherless noo!

An' mithers, heart-broken, are sabbin' gey sair—

Their hearts, aince sae joyous, o' sorrow are fu',

    The faither an' hero, they winna kiss mair.

        The war-pipe is soundin' a heart-grippin' strain,

        An' mithers are whisp'rin', "Whaur, whaur

        are the lave?"

        An' Fancy's ee sees 'mang their comrades again,

        The heroes wha sleep in a far distant grave.

A SANG.

WHAT cheers the heart? what sweetens toil?
          A Sang.
What gies the love glint to the smile?
          A Sang.
Whan Sorrow's gloomy, flaffin' wing
Doth owre oor souls sair anguish fling,
Whan cauld Despair is grief's grim lord,
An' wields his a' relentless sword,
An' feasts on peace, yea smiles on woe,
What stan's oor shield? what lays the foe?
          A Sang.

What gars us think? what gars us love?

A Sang.

What maks oor footsteps lichtly rove?

A Sang.

Whan wint'ry blasts wi' deaf'nin' stoun'
The murky lifts are ragin' roun',
Whan cheerless Natur' seems to dee,
An' hearts her dowie sighin's pree,
Whan by the ingle bairnies crouch,
What gies oor hearts ae comfort's touch?

A Sang.

What gilds oor days? what mellows bliss?

A Sang.

What gleams the core o' happiness?

A Sang.

Whan vernal bloomin's deck ilk field,
An' openin' flow'rets fragrance yield,
Whan birdies sing wi' vocal pow'rs,
To simmer's glow and simmer's show'rs,

Whan rustlin' leaves their lilties tune,
What to oor joy can gie the croon?
  A Sang.

What gies us Hope? what's sterlin'
  A Sang.
What maks us rich ayont this earth?
  A Sang.
Whan youth's bricht halo wears awa,
An' pows wag 'neath Time's driftit snaw,
Whan sicht is dim, an' limbs are weak,
An' life's threed near the hin'most steek,
What brings a tear to ee o' death?
What wings to heav'n oor latest breath?
  A Sang.

WHAN THE DEW BEGINS TO FA'!

WHAN wearied mortals gang to bed, an' Natur'
    sleeps hersel',
Whan gloamin' gowd begins to fade, on ilka lea an'
    dell,
Whan shadows seem to whisper low, an' leaves a' silent
    hing,
Whan love's lone stillness reigns below, an' broods o'er
    ilka thing;
We'll gang, my dark-haired lassie, then, an' peace shall
    be my feast,
Whaur nane can see an' nane will ken, I'll croodle on
    thy breist;

Thy licht o' soul entwined wi' mine shall sweetly
lumin' a',
An' to thy cot I'll see thee when the dew begins to fa'.
Then come, my dark-eed lassie, an' oor gowden
vows o' love
Shall soar awa' to some far lan', some realm o'
licht above,
Their sure response will come an' we will
listen to the ca',
An' pairtit only will we be whan the dew
begins to fa'.

The moon wi' smilin's in her ee, peeps owre yon
darklin' clood,
An' bids me loe, an' bids me pree, love's hunger-givin'
food.
I daurna do't! I fain wad do't, but like a bird wi' fricht,
I hover owre the dainty spot an' fear, O fear, to licht;
Whan thou art near me strange it seems, as thus I clasp
thy hand,

That Love careers in molten streams, an' moulds the
  magnet band
Which clasps me in its spell embrace, an' maks me
  closer draw,
Yea blinds me to the moment whan the dew begins to
  fa'.

> My ain! my a'! I canna tell what gies my heart
>   this dwam,
> I doot that in thy bonnie sel' there lurks the
>   only balm;
> My burnin' bosom feels the pang o' longin's
>   cauldest blaw,
> Oh! sheathed in it is love's keen stang whan
>   the dew begins to fa'.

Behold, the stars are risin' love, wi' tender tremblin'
  rays,
A lan' o' peace exists above, a boundless hame o' praise.
An' we, wi' hearts exultin', warm, to a' that gies us bliss,
Can mark in ilka star a charm, an' guide to happiness;

This is the oor whan we are scanned by Heav'n's
 rejoicin' een,
This is the oor whan frae yon land the angels a' unseen
Swift wing their flights to consummate what's sealed
 sae far awa,
Unbroken till we pass the yett, whan Death's cauld
 dews shall fa'.

  Hush! hear ye noo that gentle sough, 'tis but
   an angel's tread,
  It passeth, oh, it passeth, See! wi' white wings
   far outspread;
  It breathes on us thae words o' flame, " Be ane
   an' nae mair twa,"
  You're mine! my lass, sae come ye hame,—the
   dew begins to fa'.

SHALL THE GAELIC DIE?

SHALL we lat oor Gaelic die?
  Na! na!
Shall we lat oor Gaelic die?
  Na, na! na, na!
While we wear oor hamely tartans,
  Heaths and hills among;
Think we on oor Scottish Spartans,
  An' their glorious tongue.
Mountain gorges sound the cry,
  " Never lat the Gaelic die."

Shall we hae but dool and wae?
  Na! na!

Shall the Eden tongue decay?
Na, na! na, na!
What tho' desolation's gloom
O'er their hame is hung,
Heroes whisper frae ilk tomb,
"Save oor ancient tongue;"
Torrents echo weirdly high,
"Never lat the Gaelic die."

Can the land o' heroes fade?
Na! na!
Can their deeds and hist'ry fade?
Na, na! na, na!
Can auld Scotland spare their name
Frae her diadem?
Can she lose the patriot flame
O' her brightest gem?
Ilka glen gies oot reply—
"Never lat the Gaelic die."

Can we Scots to wrong succumb?

   Na! na !

Shall we not as Scotsmen come?

   Ay, ay! ay, ay!

Come, then! come with givin' force,

   Scotland calls on you;

Now's the time whan ilka purse

   Shows the Scotsman true;

Roun' the warl'—Hark! to the cry—

   " Never lat the Gaelic die."

CAMERON'S LAMENT.

1746.

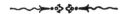

THE sun lights with joy the bold crags of Ben
    Nevis,
  Up bounds the red deer from his dew-circled lair,
Afar peals the song of the lark and the mavis,
  And heather-bells dance to their love-mellowed air.
Surrounded by foemen, forsaken by kinsmen,
  No dawn brings a joy to the breast of Lochiel;
Dark, dark is my bosom, and cold lie my clansmen,
  And morning's bright sunshine bears sorrow's black
    seal.

Cameron! Cameron! ancient and hoary,

    Joyless and homeless for ever art thou:

Cameron! Cameron! where is thy glory?

    Tyrants have triumphed, thy laurels are low.

Oh! where are the voices whose slogans far sounding

    Gave might to my lightning-winged warrior braves?

Oh! where are my tartan-clad heroes light-bounding?—

    All silent and cold in their heather-swept graves.

The blast from the mountain careers in wild sorrow,

    And anguish is echoed from each Highland vale;

My night-shrouded fancy no day-spring can borrow,

    For Sassenach foemen rejoicing prevail.

    Cameron! Cameron! ancient and hoary,

        Stricken and shivered the oak of thy might:

    Cameron! Cameron! where is thy glory?—

        Sunk 'neath the winter of Tyranny's night.

Our maidens are weeping, our sheilings are riven,

    And grief bows the hearts of the tender and fair;

The dim eyes of age are appealing to Heaven,
  While fall on the heath their red tears of despair.
As lone is the eagle when robbed of its eyrie—
  As dark is the heart when affection is dead—
As closes the grave o'er the bones of the weary,
    So, round me gloom-shroudings for ever are shed.
        Cameron! Cameron! ancient and hoary,
          Lands may be harried, but never is fame:
        Cameron! Cameron! where is thy glory?
          Burning for aye in the sun of thy name!

PRINCE CHARLIE'S ENTREATY.

"WILL ye not join me, Macdonald! Macdonald?
    Is your broad claymore a thing of the past?
Will ye not join me, Clanranald! Clanranald?
    Is your tried valour to fail me at last?
Macleod and Lochiel, why stand thus half-hearted?
    Your forefathers' standard floats o'er ye again,
Surely the worth of my Chiefs hath departed,
    Else, why do I plead, and plead only in vain?
        Chieftains of might, tho' few,
        Be to the Highlands true,

Draw the broadsword ere it rusts in its sheath,

Come, rouse! let your pibrochs resound o'er the
    heath.

"Shake off your doubtings, Macdonald! Macdonald!

Leave me not now in the toils of my foes,

Where is the strength of Clanranald! Clanranald!

That oft in the glory of vengeance arose?

What! shall a foreign usurper dethrone me?

What! shall our Highlands his tyrant grasp
    bear?

Worse! are my Highlandmen now to disown me,

When freedom in chains pours a wail of despair?

Despots are kinsmen now,

Servile ye humbly bow,

See! our loved mountains are blushing with shame,

For red-coated Sassenachs sully their name.

"Back to my exile, Macdonald! Macdonald!

I go with my Hope-star enshrouded in gloom.

Farewell! my former Clanranald! Clanranald!

Remembrance will ever life's pleasure consume:

Macleod and Lochiel, oh, where thy devotion?

Gone! gone as the dew-drop that clings to the

flow'r,

Gone as the night mist that hangs on the ocean,

When rising the sun in the pride of his pow'r;

Vanished my dreams of light,

Now comes my sorrow's night,

Heroes' ghosts weep for their coward-stamped race,

And poor Caledonia is crowned with disgrace!"

"Taunt me not thus, Bonnie Charlie! Prince Charlie!

Clanranald's breast bears still a Highlandman's

heart,

My broadsword is thine, Prince Charlie! Prince

Charlie!

I'll follow thee singly tho' all should depart!"

"Sooner the deer shall forsake the lone corrie,

Ere I, the Macdonald, shall idly stand by."

z

"Sooner shall wither our undying glory,

    Ere I, the Macleod, like a coward shall fly!"

        Up leaps the gleaming steel,

        Now 'tis the true Lochiel:

"Raise! raise the clansmen, our slogans shall ring—

Prince Charlie of Highlandmen ever is King!"

WHERE IS THE LAND?

S it in sunny south'ren hames?

No! no! no!

Is it 'mid Ruin's classic names?

No! no! no!

My heart in sic scenes couldna revel wi' pleasure,

Tame, tame are they a' to my gloom longin' soul,

Gie, gie me the lan'scapes whaur awe's boundless
    measure

Maks terror's delicht thro' my song-bosom roll:—

I'll aff to the Hielan's! oor fame-crustit Hielan's,

Whaur dark-gloomin' mountains as monarchs arise,

Whaur lone, soundin' vallies, an' heather-thatched
   sheilin's,
Deck life wi' a halo o' rapturous joys.

   Is it whaur dark-eyed maidens love?
      No! no! no!
   Whaur bulbuls music fill each grove?
      No! no! no!
O! gie me the lan' whaur the lasses beguilin',
Are tintit wi' hues o' their ain native heath,
Licht-footit, licht-heartit, sae couthie, sae smilin',
Wi' heaven to pree in their balm-laden breath :—
Whaur spray-crestit cataract torrents are pourin'
Wild pæans o' Nature that peal to inspire,
Whaur hoarse-throated tempests in beauty are roarin',
The music o' anger that thrills wi' its fire.

   Is it whaur men are servile slaves?
      No! no! no!
   Whaur freedom cow'rs to tyrant knaves?
      No! no! no!

The lan' that can boast o' bold clansmen in tartans,

Their undyin' valour, an' unsullied worth,

Oot viein' in glory the ancient-sung Spartans,

Stan's noo, an' will ever, be licht to the earth.

Awa wi' your lan's then whase glories are strippit,

Awa wi' the lan' o' the coward an' slave,

Their saft dreamy beauties may please the decrepit,

The Hielan's! the Hielan's! delight but the brave.

WHAT HAE WI

WHAT hae we to bo
    The best o's are na
The noo we are toilers, a'
The morn we may wauk
Sae, fill up your glasse
    He is a cauld cowar
Come, fill up your glas
    skytin',
A heart

It baffles the scaups o' philosopher creatur's
  To tell us whaur Thocht has its ray-makin' prisms.
    Sae, fill up your glasses! oor years are but stitches,
      Or threeds in the han' o' the auld wabster
      Time;
    Come, fill up your glasses! lea' beggars' their riches,
      Oor unsullied joys are the passports sublime.

We lea' a' oor toilin's an' earth's fleetin' glamors,
  Oor pilgrimage here is a truth that we ken;
We lea' a' oor freenships, oor hopes, and oor hammers,
  The *yont* aye depends on oor actions as men.
    Sae, fill up your glasses! we kenna oor futures,
      The index o' peace, fegs! we'll try to secure;
    Come, fill up your glasses! we maunna be
      neuters,
    Oor happiness here will the ither ensure.

We hae oor love-lilties that gild oor life pleasures,
  Oor sangs keep oor feelin's in rare equipoise,

joys.

Sae, fill up your g

Unless it is bo

Come, toom noo

reasoned—

A sang-studdit hea

.

TRANQUILLITY.

AYE keep a mind withoot ony mildew on't,
   My thocht-makin' mirror is polished an' bricht,
To life's school o' fash, fegs! I aye play the truant,
   Its lessons are nocht but a snuffin' o' licht.
I winna lat fashes, that roun' me are rankit,
   (Like gowlin' ghaists ettlin', wi' lang skinny arms,
To throw roun' my heart a cauld frosty-starred blanket),
   Destroy my life-peace and its evergreen charms.
      Sae tranquil I; what e'er betide me,
        Thraws are but sel'-planted weeds,
       Growin' only to o'er ride me,
        Up! an' fling awa the seeds.

_ ..... ice puir Job

The tempests we hae are

    Blawn   oot o' the p,

        made.

Fu' weel dae I ken that m:

    Wha waumles 'mang wan

His meat an' his duds are t

    The balance o' extras is l

        Sae tranquil I; for

          Mock not then t

        Conqu'rin' fash is n

        Conqu'rin' to refu

Could we on *Enough!* mak' o

    Could we but control aye oc

An inward wee h----'

While in us we'd hear aye some saft, angel numbers,

Love-dipt in the joy o' a soul to be saved.

Sae tranquil I; for wha wad cherish

Waur than slavery's darkest chains?

Wha wad live an' blindly perish

'Neath a blightin' hell o' pains?

CA' CANNIE:

A BUNCH OF APHORISMS.

———•o⦂⦿⦂oo•———

C A' cannie in this warl' an' be
　　At peace wi' ilka ane;
Hoots! think na ye can lofty flee
　Unaided an' alane.
The warl' itsel' is but a mass
　O' atoms great an' sma',
An' human natur' is as glass,
　Sae tenty cannie ca'.
　　　Ca' cannie! ca' cannie! dinna neebors vex,
　　　Look on ilka bodie as your freen.

Ca' cannie ! ca' cannie ! little beauty specks

Lurk in ilka bosom tho' unseen.

Ca' cannie, mind a wee, wee worm

Can spin the threedies rar_e

That Kings an' Queens wi' stately form

Upon their bosies wear;

An' sae the flow'r wi' hingin' heid,

An' puirly happit stem,

Tho' cow'rin' 'neath the bauld rank weed,

Is aft o' sweets the gem.

Ca' cannie ! ca' cannie ! gauge na by the ee,

Ostentation is a blindin' sin.

Ca' cannie ! ca' cannie ! never scorn the wee,

Muckle things are aften unco thin.

Ca' cannie, tho' a man may dress

In claes maist rag-consigned,

His range o' thocht is nane the less,

Nor cloudit is his mind.

Drawn by oor heav'nly D

To benefit ilk man.

Ca' cannie ! ca' ca

Unity is real use

Ca' cannie ! ca' can

Sae, nobly do yo

OU AY!

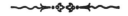

I LOVE to see wild flow'rets nod upon ilk grassy
    lea,
I love to hear the music o' the heavy-laden bee,
I love to hear the birdies pour their mellow evenin'
    sang,
I love to hear the burnie's lilt as it careers alang—
But lovelier far the evenin' is, an' hauntin' mair its
    charms,
Whan some bit tender lassie lies enfauldit in my
    arms

An sparklin' een that s(

"Ou ay."

Ou ay! ou ay!
gloamin'-kissir
An' revels in its fl
never dies,
Ou ay! ou ay! it l
reply,
Frae a bonnie lassie':
her first "Ou a]

The noddin' flow'rs, the bur
sang,
Are but the bursts o' little love

A face wi' innocence illumed, a heart unsullied, pure,

A dear, confidin', witchin' look; wha, wha can sic
endure?

To pree this heav'n o' ecstasy, I fain, I fain will try,

I'll tenty waff the clouds awa, syne she will say "Ou
ay!"

    Ou ay! Ou ay! for Nature glows 'neath
       gloamin'-kissin' skies, &c.

The jewel gems within the mine await the ardent
ee,

The hidden sweets in ilka flow'r await the joyous
bee;

An' love within a lassie's heart is stronger whan 'tis
shared,

Sae I maun bear ae kiss awa as love's first love
reward.

I canna live in sic a dwam o' a' upliftin' bliss,

She noo maun quench the glamor o' sic blin'-like
happiness.

2 A

Low, bendin' owre my lassie gem, I hear a silv'ry sigh,

Sweet waftin', to my loupin' heart, the wee response,

   "Ou ay!"

      Ou ay! Ou ay! see Nature loups 'neath

        gloamin'-kissin' skies,

      An' joys to see us pree o' love, the love that

        never dies.

    Ou ay! Ou ay! 'twas dune! an' then, a star

      flew thort the sky,

    A bricht, recordin' link o' licht, a Heav'n ex-

      pressed "Ou ay."

THE BLUE IS ABOVE.

THE blue is above, an' the broon is below,
    O' the heather, the heather sae dear,
The sky beams wi' love, an' the mountains aglow,
    As emblems o' beauty appear.
      Tho' broon is the heather, tho' blue is the sky,
        Tho' glowin' the mountains in simmer's gowd
        sheen,
      The flush o' their beauty is nocht whan I spy,
        The heart-hallowed tint o' my hame-makin' Jean.

The heather-bells wee, an' the timid moss rose,
    A' sae tender, sae tender in hue,

Tho' tender the

Tho' glintin' tl

Far sink they afo

That ripples sae

The burnies sing low, a

An' the birdies, the b

The trills o' licht flow fr

Sweet, sweet in a sera

Tho' burnies sing sa

Tho' angel-breath

There's nocht! oh th

entrance,

As the love-mellow

MY SNEESHIN' MILL.

HERE'S freenly fellowship in drink,
  In sangs there's mellow mirth,
Guid lauchin' shows the heart's true clink,
  An' love aye rules the earth.
Some cutties smoke, some guzzle deep,
  Whan thraws their bosoms fill,
But pleasure's only soul I keep,
  Within my sneeshin' mill.
    My sneeshin' mill o' polished horn,
      Wi' thee I'm proof to fate's cauld will,
    Wi' time an' toil tho' unco worn,
      I lo'e thee weel auld sneeshin' mill:

I ne'er could flinch,
    Frae freens or foes,
O'd sirs! a pinch
    Gangs up my nose,
An' He-e-esh! E-eshoch!

Lat lovers love, lat women clash,
    Lat drookin' days be rife,
Lat girnin' bairnies gie us fash,
    Lat sorrows gird oor life.
Lat a thing gang as thrawn's it may,
    Deil hae't o' me is ill,
I'm happy ilka nicht an' day
    Wi' my auld sneeshin' mill.
        My sneeshin' mill o' crumpled horn,
            We twa can drumlie maments kill,
        Hoots! fegs I'd rather no been born
            Than lived to want thee, sneeshin' mill:

I ne'er could flinch,

Frae freens or foes,

O'd sirs ! a pinch

Gangs up my nose,

An' He-e-esh ! E-eshoch !

I've leeved for saxty year an' mair,

An' warsled cheerie thro',

My freens are like my locks, gey bare,

The best are frae me noo ;

Yet I hae ane, ae guid auld freen,

Wha true is to me still,

Life's comforter it aye has been,

O ! bless ye, sneeshin' mill !

My sneeshin' mill ! whan in the yird,

Thou'lt gang wi' me joys to distil,

Whate'er the place, I'se gie its laird,

My passport frae thee, sneeshin' mill !

He winna flinch,
   Na, na wi' skill,
He'll tak a pinch
   Frae oot my mill,
An' He-e-esh! E-eshoch!

WE'RE A' BITS O' BODIES!

WE'RE a' bits o' bodies, contentit an' happy,
  We droon a' oor cares in a mament o' bliss;
We're weel-livin' fouk, an' enjoy a wee drappie,
  An' wha can be jealous o' pure happiness?
There's fouk tho' that live in a winter o' sourness,
  To please or be pleased, hech! they ne'er kent the art,
Their toom, sangless faces are emblems o' dourness,
  That gars their han' grip be aye minus the heart.
    Awa wi' sic bodies; come, fill up your glasses,
      Lat's drink—endless blessin's! to fouk like
      oorsels;
    An' gloomy perdition! to twa-leggit asses,
      In whase narrow bosoms nae happiness dwells.

Life's race isna run without lichtsome endeavour,
 The true winnin' post isna reached without mirth,
Oor smiles an' oor sangs whip us on, aye, an' favour
 The future prize winnin' whan leavin' the earth.
We mark the puir nibbler o' pleasure gang granein',
 Wi' aspect as blank as a bottomless chair,
The embers o' soul frae his een cauldly wanin',
 Just lichten his path to the howff o' despair.
  Awa wi' sic bodies! come, fill up your glasses,
  &c.

The joys o' oor future we only are earnin'
 By mellowin' love wi' oor sma' social feasts;
The gran' aim o' life is to ever be learnin'
 The way to mak Heaven exist in oor breasts.
Oor hope is a lan' fu' o' angels aye singin',
 The lichts to that hame are the freenships we've gained.
Oor earth-sowthered aeness will blessin's be bringin',
 While misery tortures the fouk sel'-contained.

Awa wi' sic bodies! come, fill up your glasses,

    The gloom-courtin' dullard's a manacled slave;

The licht o' fraternity's halo surpasses

    The glory o' monarchs, or deeds o' the brave.

GIE ME A WEE LYRIC.

————>-●-●-◄————

AWA wi' your bluid-chillin', gloom-bringin' ditties,
　　Your ghaist-deckit epics, or god-dwellin' strains,
Your heroes an' warriors harryin' cities,
　　An' lauchin' wi' joy at their slave-makin' chains;
Tho' shinin' unequalled in greatness o' killin',
　　Tho' dreepin' steel flashes on ilka red page,
They sink far aneath the wee lyric instillin'
　　A risin' o' thocht to a loftier stage.
　　　Gie me a wee lyric, ae cheep o' emotion,
　　　　The outcome o' a' that's divine in the heart,
　　　It stan's as the pearlin' in poetry's ocean,
　　　　Reposin' in beauty unsullied wi' art.

We're prone to rejoice at oor fechtin's wi' neebors,
  We glory in readin' o' thoosan's a' slain,
Oor sodgers wi' baignets, oor horsemen wi' sabres,
  Are roosed wi' the micht o' a laureate strain.
The capstane o' genius is no in the measure
    O' streakin' wi' bluid the gowd strings o' the
        lyre;
To low human natures sic themes may gie pleasure,
  But lower they' grow whan they're fed on sic
    fire.
      Sae gie me a lyric, ae cheep o' emotion, &c.

The longin's o' love in a pure, tender bosom,
  Whan sang wi' the fervour that mirrors the soul,
Gie sap to ilk heart, till it blaws like a blossom,
  Deep tintit wi' feeling, that baffles control;
The sang o' a burnie at e'enin', saft fallin',
  The lilt o' a lav'rock melodiously giv'n,
The calm, downy win's, fu' o' whispers enthrallin',
  Are lyrics that sweep thro' the portals o' heav'n.

Awa wi' your bluid-chillin', gloom-bringin' ditties,
    Your ghaist-deckit epics, an' god-dwellin'
    strains,
Your thunders o' warriors harryin' cities,
    They may be the steeds, but a lyric's the
    reins.

THE EARTH'S FU' O' JOYS.

THE Earth's fu' o' joys, to the joyous an' cheerie
 'Tis but a big smile rollin' ever thro' space,
The lauchin' cloods tum'le thro' skies never weary
 O' sheddin' wee blessin's on ilka ane's face.
Then vile is the loon wha aye maks it a duty
 To vow that the earth is to mankind a curse,
His dull leaden heart, a' unlichtit wi' beauty,
 Maks wee trifle-trachles a thoosan' times worse.
  The pure mindit man finds his joys are the purest,
   For a' thing around him is real happiness,
  The smile-courtin' lip is o' emblems the surest,—
   Nae earth can o' pleasure gie greater than this.

The puir mawkish bodies wha ever are bearin'
  The green ee o' envy can never see richt,
Their aims are as laigh as the soles they are
    wearin',
  Their tongues gie the echoes o' inwardly nicht.
Ilk joy is a pain, an' ilk pleasure is sorrow,
  Emotions o' love in their bosoms ne'er dwell,
Frae sangs, birds, or flow'rs they nae comfort can
    borrow,
  The earth as they mak it, is nocht but a hell.
      The pure mindit man finds his joys are the
        purest, &c.

They sing o' their woes wi' a gaunt melancholy,
  They pu' a lang face an' bewail their sair lot,
They swear that this earth is a cauld desert wholly,
  Wi' nae cheerin' prospect, or peace-givin' spot.
They rail, an' they mock at their lovin' Creator,
  They think that in death there's escape frae their
    fash,

O'd, sirs, they're mista'en, then, their torments are
  greater,

  For Hornie on coward backs spares na his lash.

    The pure mindit man finds his joys are the
  purest, &c.

HE'S BUT A COOF!

E'S but a coof wha sings o' woes,
   Whan love a' thing adorns;
He's but a snool wha girnin' sows,
   Life's path wi' prickin' thorns.
We a' move in a flow'ry field,
   Sun lichtit to the end,
Whaur blossom-joys sweet fragrance yield,
   An' show'rs o' hope descend.
         Sae wha wad seek a sorrow's cause,
            Or grief at heart distil,
         Maun bear the wounds o' thorny thraws,
            That poison but to kill.

We a' thro' life's bricht gowden yett,

   Cam in wi' lichtsome smiles,

An' toddled on withoot ae' fret,

   Or ony cank'rin' wiles.

We journey on the path designed

   By Him wha let us in,

Oor prospect fresh, an' fair, an' kind,

   An' free frae muckle sin.

      But, ah! wha steer frae aff their course

         To pu' the stangin' weeds,

      Maun bear the ever burnin' curse

         O' sorrow for their deeds.

The heedless hardened on will gang,

   Forgettin' lessons taught;

Scarred wi' the wounds o' doin' wrang,

   Life is wi' pain o'erfraught.

The past they canna weel forget,

   An' sae wi' thochtfu' glint

They scan the distant joyous yett,
	Sae far, sae far ahint.
		Wha frae the richt will gang agley
		Maun see! an' sair despond,
		The oot-gaun yett, dark, reft o' joy,
		Wi' some cauld dreich beyond.

Then wha wad sing o' griefs an' pains,
	Whan sic are but sel'-made?
An' wha wi' cauldrife, drivel strains
	Wad wish that they were dead?
What tho' we hae wee thraw alloys
	That come against the will?
There's aye a glorious counterpoise
	In faith and duty still.
		Sae he's a coof wha sings o' woes,
		Whan love this life adorns,
		He's but a gowk wha girnin' sows
		His path wi' stangin' thorns.

ISLA'S BEAUTY.

ASSIE Jean! Lassie Jean! tell me why art thou
    stayin'?
  The sun slowly sinks in the far golden west;
Lassie Jean! Lassie Jean! gloamin's shadows are
    playin',
    An' tingin' wi' beauty each mountain's blue crest :—
Ken ye a lone heart for thee is a-burnin'?
  Ken ye the gleam o' twa love-lichtit een
Clings to the path by the streamlet a-turnin',
    That kisses the shade o' my ain lassie Jean?
        Come, Isla's beauty! dark maid of the West,
        Come, in thy halo o' virtue serene,

Lassie Jean! Lassie Jean! oh! the lav'rock i

The last lilt o' love to its nest-cow'rin bride

Lassie Jean! Lassie Jean! ilka flow'ret is ben

Sae sweetly to rest in its nicht-tintit pride:-

Ken ye the wavelets that lave thy Port Ellen

Are croonin' a lay on the shell-studdit shor

Ken ye their murmurs unto me are tellin'

That thou in thy glory art melody's core?

Come, Isla's beauty! dark maid of t

&c.

Lassie Jean! Lassie Jean! could an angel be

The pray'r o' my heart, it wad ring in thy

Oh! but the silence o' love is sae tender,

That longin' o' soul maks its pathos increase.

Come, Isla's beauty! dark maid of the West

Come, for my bosom no comfort can glean,

Gloamin' fa's roun' me wi' smilin' unblest,

An' life seems in nicht wantin' thee, lassie

Jean.

MIND! AYE LAT THE LASSES ABEE.

IN infancy's joyous days, weel dae I mind,
    I aye was a steerin' bit laddie,
I focht wi' the lave, but to lasses was kind,
    An' plaguit my mither an' daddie.
My mither, puir bodie, wad doat on her bairn,
    An' aft wi' the tear in her ee
She'd whisper, " My laddie, this lesson oh! learn,
    Mind, aye lat the lasses abee,
    Mind, aye lat the lasses abee."

'Twas love thrown awa, sae they sent me to schule,
    To pick up a smatter o' lear;
At learnin' my lessons I was a great snool,
    For o'd Sirs! some lasses were there.

The creatur's o' sweetness did wisdom create,

    My learnin's first step was to pree

Some wee rosy lippies ahint my big slate,

    For fegs, I could ne'er lat them be,

    O'd Sirs! I could ne'er lat them be.

I unco sune saw that ane's life was a' void,

    A trachle eternally dark,

That man's highest nature wad sune be destroyed

    Gin love didna licht a bit spark.

Sae say what ye like, in the midst o' my toil,

    Some Goddess impulses wad gie,

That promptit me on, till I own'd wi' a smile,

    Nae *man* will lat lasses abee,

    Nae *man* will lat lasses abee.

My mither and faither wad solemnly tell

    That lovin' grew only wi' sense,

'Twas strange! for ye see they were marriet themsel',

    Sae hoo could their warnin' convince?

I aye was in love, for the lasses were fain,
     An' who can resist them?—No me!
Sae noo I've a jewel, a gem o' my ain,
     An' wee toddlin' bairnies a' three,
     Whase cuddlin's will ne'er let mie be.

Two hearts that by Heaven thegither are sent,
     Hae pleasure wi' happiness mixed,
Tho' mony nae doot hae guid cause to repent
     The oor that their destiny fixed.
For joinin' on earth maun be sealed up above,
     Else marriet life hings a' ajee;
Wi' me I aye soom in an ocean o' love,
     Which tells I am happy ye see,
     An' fegs! I'll be sae till I dee.

I LO'E THE CARESSIN'.

THERE'S nocht hauf sae pleasin' as aye to be teasin'
  A cantie bit lassie, a wee bud o' bliss,
I'm sure wi' a reason sic joy's aye in season,
  For lasses lo'e dearly a stolen wee kiss.
A mou' decked wi' smilin', an' ee fu' o' wilin',
  An' cheeks like twa roses exultingly warm,
A' witchin'! a' guilin'! a' thraws reconcilin'!
  Cauld-hearted the coof gin he's proof to the charm.
    I lo'e the caressin', love's silent expressin',
      That frae a fond heart ever gushes oot forth,
    Whase streams never lessen, but rin as a blessin',
      To mellow the days that I hae on this earth.

I lo'e to be toyin', wi' gentle enjoyin',

  My dear lassie-blossom whase love-tintit pow'rs,

Are calmly decoyin', an' sweetly destroyin'

  The lang-linkit moments o' dark loveless hours;

They draw oot a' feelin'. O'd sirs! I'm aye kneelin'

  Afore the sole shrine that gies manhood its ken,

Oor loves ever sealin', life glories revealin',

  Hech me! but the lassies just mak us a' men.

    I lo'e the caressin', &c.

I ken o' nae measure o' what we ca' pleasure,

  Sae fu' o' true comfort to ilka ane giv'n,

Than just at our leisure to fondle the treasure,

  That gies a foretaste o' the sweetness o' heav'n.

This earth would be eerie, a wilderness dreary,

  Gin kind lassie-stars didna licht us alang,

Wi' love's rays sae cheerie, whase beamin's ne'er weary,

  In steerin' us free frae the mosses o' wrang.

    I lo'e the caressin', &c.

GLOAMIN'.

TENDER gloamin'! saftly stealin',
　　Dawn o' night's calm ebon reign,
Beauteous gloamin'! sweet revealin',
　　Peace and joy to come again.
Noo the lav'rock's note is dearest,
　　Wavin' shadows dreamy fa':
Tremblin' burnies lilt fu' clearest
　　Whan the gloamin' kisses a'.
　　　　Gentle gloamin'! hour o' blessin',
　　　　　Breathed on earth ere licht departs,
　　　　Nature woos thy fond caressin',
　　　　　Sweet'ner thou to lovers' hearts.

Sunset's virgin dochter smilin',
  Lichtly loups o'er mount an' lea,
Cuddlin' wi' a warm beguilin'
  Ilka flow'ret, leaf, an' tree.
Noo the nicht win's sigh an' flutter,
  Cloodlets calmly float above—
Tongues love-laden' life-vows utter
  Whan the gloamin' mellows love.

    Gentle gloamin'! hour o' blessin',
      Breathed on earth ere licht departs,
    Nature woos thy fond caressin',
      Sweet'ner thou to lovers' hearts.

Rosy mornin' dawned fu' sprightly,
  Life's lood pæans rang acclaim,
Skyward swept the monarch brightly
  In his chariot o' flame;
Sunk he noo to golden slumbers,
  Far ayont yon West'ren wave,

Leavin' gloamin's hallowed numbers,

Chantin' life beyond the grave.

Gentle gloamin'! hour o' blessin',

Breathed on life ere licht departs;

Man maun bear thy pain caressin',

Chast'ner thou to human hearts.

THE DORIC.

A FIG for your Latin and mossy-grown Greek,
  A fig for the tongues that are deid,
Eneuch is the Doric for me whan I speak,
  Or rin aff a lyrical screed.
Say, is he a Scot wha wad daur to think shame
  O' his ain native, auld-mither tongue?
The cauld-hearted coof is a blot to the name
  O' the country frae which he has sprung.
      They say that oor Doric will dee— Ha! ha!
      They say that its beauty is gane.
      Can Scotsmen their honour forget?—Na! na!
      Then hoo can the auld Doric wane?

Aroun' the auld Doric a glory aye hings,

That ages can never efface,

It lichts up the past, and to memory brings   :

Mementoes we lo'e aye to trace.

'Twas spoken by heroes, by poets 'twas sung,

Oor forefaithers focht for its name,

Wha, wha then wad blush at the gran' Doric

tongue,

Whan girdled wi' undeein' fame?

The Doric we winna lat dee—Ha! ha!

My sang! its grey hairs we'll defend;

Oor country an' honour are a'—Ha! ha!

On which oor ain virtues depend.

What rooses the heart o' the dauntless an' brave?

What gars love resistlessly flee?

What mellows the gloom roun' a warrior's grave?

What brings the saut tear to the ee?

Why nocht but a lilt o' the Doric sae meet

For a' the requirements o' men,

2 C

TEET BO!

TEET Bo, bairnie! roun' your daddie's chair
   Lauchin' noo, loupin' noo, takie, takie care;
Teet Bo, sleely! wi' ae glintin' ee,
Sparklin' bricht, flashin' licht, like a starry wee.
   Mammy sees his little ploys,
   Mammy hears his silv'ry voice,
   Mammy helps his warl' o' joys;
Pride an' pleasure in her bosom flow,
As her bonnie laddie plays Teet Bo!
     Teet Bo! Teet Bo!

Teet Bo, bairnie! thinkin' he is richt,
Bidin' noo, hidin' noo, oot o' mammy's sicht;

There's twa feetie, a wee stumpy pair,
Tellin' noo, unco true, a slee roguey's there.
 Mammy kens his nature best,
 Mammy kens his youthfu' zest,
 Mammy kens he canna rest;
Comes his facie wi' a joyous glow,
An' a ringin', lauchin' shout, Teet Bo!
  Teet Bo! Teet Bo!

Teet Bo, bairnie! buddin' tho' ye be,
Still like men, weel ye ken, little trickies slee;
Aft young hearties, fu' o' innocence,
Sure portray, ilka way, o' the years o' sense.
 Mammy kens his dawnin' mind,
 Mammy kens his meanin's kind,
 Mammy tae him maun be blind,
Yet her prayer is heart-whispered low—
That wi' freens he winna play Teet Bo!
  Teet Bo! Teet Bo!

WEE MIRELLA!

MAMMY! Mammy, mak the beddie,
    For the bonnie doo.
Sleepy, sleepy, darlin' leddie,
    Eenie closin' noo.
Mammy rock her on your lappie,
    Sweetly to her croon,
Keepin' time in ilka clappie,
    Gars her slumber soon.
        Wee Mirella! cherub lammie,
           Sleep, oh, sleep fu' soun';
        Hush! as saftly sings your mammy,
           Angels hover roun'.

Saft as is the floss o' flowers,
  Lies her raven hair;
Losh! her een love-lichtit glowers
  Like twa diamonds rare,
Glowin' in the marble mountin'
  O' her tintit broo,
Sheddin' frae love's virgin fountain
    Artless, beamy dew.
      Wee Mirella! cherub lammie, &c.

Beauteous as a tender rosie
  Is her cheekies' hue;
Dainty shapit is her nosie,
  Sweet her kissin' mou'.
Circled chin a dimple deckin',
  Restless fingers sma',
Little feetie ever kickin';
  O! she's lovely a'.
      Wee Mirella! cherub lammie, &c.